200억 건축보다 사람을 키워라

200억 건축보다 사람을 키워라

초판 발행 2024년 10월 6일

지은이: 김재현
펴낸이: 손영란

펴낸곳: 키아츠
주소: 강원도 화천군 간동면 용호길 33-13
전화: 02-766-2019
팩스: 070-7966-0108
이메일: kiatspress@naver.com
홈페이지: smartstore.naver.com/kiats
블로그: blog.naver.com/kiatspress
페이스북: www.facebook.com/kiatspress

ISBN: 979-11-6037-230-4

200억 건축보다 사람을 키워라

결국 사람이 사람을 키운다

김재현 지음

키아츠

지금은 하늘에 계신

나의 사랑하는 어머니

김순임 권사님(1931-2019)에게

이 책을 바칩니다.

김순임Society

추천사

김재현 박사와 어쨌든 인연이 시작된 지 27년. 1999년 안식년 때부터 비교적 더 가까이서 지낸 지 25년. 그 안식년 해는, 내가 40살, 김 박사가 30 초반. 바라보는 꿈이 아니라, 피차가 실현의 한 조각씩을 맞추어가고 있을 때였다.

책에 나온 내용처럼 안식년 중에 6개월은 가까이서 지냈고 6개월은 딴 곳에서 지냈지만 기대도, 애잔함도, 함께 했던 기쁨도, 다 삶을 구성하는 한 조각씩의 퍼즐 모서리, 또는 그리움의 근거 조각.

만 32살에 교회 개척을 해, 7년 되니 이미 주일 출석 장년이 3천 명을 넘어 다음을 보아야 했다. 그전 32평 상가 단한 개 교실 예배당에서 어른, 아이 총 인원 1,350명이 종일 예배드렸고, 결국 13개월 만에 363평 땅에 예배당을 지었다. 결국 후에 이 크지 않은 예배당에서 6부로, 역시 어른,

아이 총 9,000명이 주일 예배를 드렸다.

이미 이 교회에서 건물은 큰 의미가 없었다. 전혀 매력적이지 않았다. 그 당시 건축 비용은 최소 200억이 예상됐다. 이 예배당 건축 예상 비용을, 평상시 노래 부른 대로 인물을 키우는 데 사용하겠다 마음먹었다. 그리고 20년 후에 평가하자 마음 다듬도 있었다.

그러던 중 안식년 일 년을 마치고, 그 기간에 만나게 된 공부 중이던 김재현 박사를 그릇으로 발견했다. 늘 생각대로 "200억을 예배당 건물 대신, 인물을 키우면 어떨까?" 둘이 마음이 맞았나 보다.

항상 나는 조성자의 꿈을 꾸었다. 그리고 그 일을 구체적으로 이룰 인물로서 김재현 박사를 발견하여 함께 서로를 의지하고 도전받으며 일정 기간을 왔다.

나도 김재현 박사도 사람을 보면 가슴이 뛴다. 어떻게 저 사람을 하나님 나라의 인물로 만들 것인가. 가슴이 뜨겁다.

멀리서 바라본다. 그는 그가 하고 싶은 것을 하고 살아야 한다. 인물은 이전 것에 대한 플러스가 아니라, 생각지 못했던 것 조차를 발견하고 이루고 전수하고 통합하여 완성한다. 창조적 사고와 믿음으로 이루는, 결국은 초인의 군락 서식자다.

나는 김재현 박사를 믿는다. 또 살아 있는 동안 기대한다. 그는 늘 새로운 모습으로 다가온다. 하나님은 그의 그런 면모를 반드시 사용하실 것이다. 그는 광폭이다.

오래도록 기회가 주어져, 책에서 자신의 한계를 언급하나 그가 느끼는 한계는 피어날 꽃일 뿐이다.

김재현 박사를 생각하면 그는 신파 독립군이다. 논리적인 것 같으나 인간 냄새가 좋다. 그의 삶 뜨거움의 기록. 그의 꿈이 이루어지기를. 후세뿐 아니라 현세에도, 그의 평가가 흡족하기를 바라는 나를 보니 내가 그를 조금은 더 아나 보다.

2024년 9월
최종천 분당중앙교회 담임목사

추천사

인재 양성은 사회와 국가 발전의 근간이자, 개개인의 삶을 풍요롭게 만드는 중요한 일입니다. 따라서 다음 세대를 잘 길러내는 것은 우리 모두의 책임이고, 많은 부모가 자녀 교육에 힘쓰는 이유도 여기에 있습니다. 물론 현재 한국의 교육환경은 개선되었고 기술은 발전되어 많은 학생이 각자의 개성을 마음껏 키워가고 있습니다. 그러나 여전히 우리 사회에는 부모와 사회의 지원이 절실하게 필요한 나이에 그런 기회를 얻지 못한 학생들이 많습니다. 우리가 내민 작은 손길이 이들의 인생을 바꿀 수 있습니다.

무엇을 숨기겠습니까? 다름 아닌 나 자신도 그러한 학생 중 한 명이었습니다. 나는 경제적으로 어려웠던 중학교 시절에 프랭크 스코필드 박사님의 따뜻한 도움으로 인생이 바뀌었습니다. 박사님은 등록금을 지원해 주셨고 영어 성경

공부를 통해 예수를 접하게 해주셨으며, 삶의 가치와 정직 그리고 사회에 대한 기여를 가르쳐주셨습니다. 이후 나는 교회에 나가기 시작했고 사회적 약자와 경제 문제에 관심을 가지며 경제학을 공부하게 되었습니다. 그리고 현재 함께 성장하여 더불어 잘살자는 동반성장을 추진하게 된 것도 3·1운동의 '34번째 민족대표'이신 스코필드 박사님의 가르침 덕분입니다.

지난 10년간 스코필드기념사업회와 장학 사업을 함께해 온 김재현 박사가 이번에 『200억 건축보다 사람을 키워라』라는 책을 출판했습니다. 흙과 풀을 만지며 수도사의 삶을 살아가는 '농부신학자'의 인재 양성 경험담과 솔직한 신앙 이야기가 독자의 눈길을 머물게 합니다. 김 박사는 어려웠던 유년 시절을 이겨내고 좋은 대학에서 공부한 뒤, 개인의 명예보다는 사회의 낮은 곳에 있는 사람들과 도움이 필요한 사람들을 위해 헌신하며 살아왔습니다. 두레 운동, 통일 강냉이 프로젝트, 덕림장학재단, 신학 인적 자원 양성 등 김 박사가 참여했던 개신교 인재 양성의 현장 경험이 가득 담겨 있습니다. 이 책에는 그런 현장의 힘이 녹아 있습니다.

성실한 기독교인으로 다음세대를 키우고 계신 부모님과 교회 지도자들께서 꼭 읽어보시길 추천해 드립니다. 그리고 이 책의 제목처럼 한국 교회가 교회 건축에 주력하는 만큼,

예수의 마음과 정신을 우리 사회 각 분야에 세우고 다음세
대를 길러내는 '사람 건축'에도 좀 더 관심을 가지길 기도합
니다.

2024년 9월
정운찬 전 서울대 총장,
국무총리, KBO 총재,
현 동반성장연구소 이사장

차례

추천의 글

프롤로그 / 14

제1장   네 번의 장학재단 이야기 / 25

제2장   청소년들에게 들려주고픈 이야기 / 91

제3장   부모와 교회를 위한 제안 / 141

에필로그 / 198

강원도 화천의 시골 농부신학자

2016년

2016년은 내 인생에서 여러 이유로 의미 깊은 해였다. 그해 나는 쉰의 나이에 접어들었다. 2010년부터 7년 동안 나는 서울에서 소록도까지 왕복 1천 킬로의 거리를 170여 차례 오가며 자칭 '머슴 정신'으로 일했다. 그런 소록도가 100주년을 맞이했다. 또 서른 살의 나이로 1919년 3·1만세운동 현장을 기록하고 세계에 홍보한 스코필드 박사가 한국에 들어온 지 100주년이 되던 해였다. 나는 2015년부터 스코필드 기념사업회와 같이 일했다.

여기에 더해 두 가지가 내게 특히 중요했다. 첫째는 젊은 시절 망나니처럼 쏘다니던 삶을 정리하고 조금은 성숙한 인생의 2막을 구체적으로 찾기 시작했다. 그동안 나는 한국 기독교 유산을 학문적으로 정리해 국내외에 알리고 펀드를 구하기 위해 돌아다녔다. 한 달이 멀다고 기회만 되면 강연과 설교로 비행기를 타고 해외로 나다니던 삶에 지쳐버렸다. 둘째로 그렇게 지친 내가 강원도 화천이라는 시골로 들어오게 되었다. 대학에 들어온 이후 도시에서만 살던 내가 남은 삶을 이전처럼 살아서는 안 되겠다는 생각을 실천으로 작지만 한 걸음 뗀 것이다. 2016년에 그렇게 중요한 여러 일이 겹쳐 일어났다.

영적 탈진, 삶의 공허함, 더는 버틸 수 없는 삶의 무게
당시 나는 심한 탈진에 직면했다. 워낙 활동적인 성격에 일벌레처럼 달려왔는데, 이제 몸과 마음과 영혼에 탈진과 공허감이 깊이 찾아왔다.

그동안 나는 세상을 구하고 한국 기독교의 틀을 새롭게 바꿀 인물이라도 된 듯한 착각에 사로잡혀 살아왔다. 아무도 내게 기대하거나 요청하지 않았는데도 말이다. 그런데 되돌아보니 어쩌면 껍데기만 덩그러니 남은 나 자신의 모습이 보였다. 한국 기독교의 신앙유산과 문헌을 정리하는 과정에 필요한 수많은 후원금을 모으기 위해 국내외를 돌아다니면서 받은 부담감을 내 몸은 누구보다 더 잘 기억하고 느끼고 있었다. 남에게 후원을 요청하고 많은 사람을 만나는 일은 그 자체가 스트레스인 경우가 많다. 어디 남의 호주머니에서 천 원 한 장 얻어내는 것이 쉬운 일인가. 더군다나 40대 중반의 적지 않은 시간을 보낸 손양원과 소록도 사역은 내게 인간의 삶과 신앙의 진면목과 본질을 고민하게 했다. 동시에 내 외형적 능력을 훨씬 뛰어넘는 영성과 인격을 내게 강력하게 요구했다.

한편으로 50줄에 접어든 내게 아내와 아이들이 눈 안으로 오롯하게 들어왔다. 나 좋아서, 내가 하고 싶은 일을 다 하고 돌아다닌 기간에 묵묵히 그 자리를 지켜온 아내의 모습이 아련하게 두 눈 속에, 내 맘속에 들어왔다. 인재 양성을 한다고 수많은 일을 했지만 정작 내 아이들에게는 기본조차 챙기지 못했다는 죄책감도 결코 적지 않았다.

내가 그동안 쌈닭 같이 살며 이룬 많은 것들이 순간 공허해 보였다. 말을 뱉어낸 대로 살지 못한 나 자신의 삶과 다른 사람들과 소통하는 능력이 부족했다는 점도 안타까웠다. 참 바보처럼 살아왔다. 나를 믿고 유학 시절 전공 부분의 실력을 북돋아 준 수많은 스승에게도 면목이 없었다. 그렇게 금방이라도 무너질 것 같았다. 삶을 버텨낼 힘이 없었다. 어쩌면 나만의 로뎀나무가 필요했던 시점이었다.

농장, 하나님의 선물

기독교 역사, 중세 기독교와 수도원에 오랫동안 관심을 가져온 나는 마음 한편으로 수도사적인 삶을 늘 동경했다. 동시에 뜻이 맞는 사람들과 가까이 살면서 뜻을 나누며 삶을 더욱 값지게 보내겠다는 열망도 아직 살아있었다.

7월, 비가 잔잔하게 오던 그해 여름 어느 날 춘천 주향교회에서 목회하던 이병철 목사를 오랜만에 만났다. 춘천의 빵굼터에서 커피를 마시다가 이 목사가 내게 꼭 안성맞춤이라 생각하는 공간이 있다고 해서 화천의 어느 시골로 향했다. 그렇게 친구와 같이 온 장소가 바로 지금 내가 사는 보금자리가 되었다.

소나무로 둘러싸인 넓은 주차장과 친환경 목조주택의 펜션과 창고와 밭, 기도원이나 수련원같이 참 넓은 곳이었다. 내가 평생 꿈꿔보지 못한 크고 멋진 공간에 매료되어 8월 중순에 임시계약을 했다. 나중에 알고 보니 이 공간을 처음 본 그 달에 서울에서 속초로 가는 동서고속철도 사업이 국가사업으로 결정되었다. 그렇게 되면 그곳에서 새로 생길 화천역까지 차로 5분밖에 걸리지 않는다. 사실 가계약 후 어떻게 구매 비용을 감당할 것인지 조금도 생각하지 못할 정도로 나의 영과 육은 지쳐 있었고 절실하게 탈출구와 도피처가 필요했다. 다른 것을 생각하고 계산할 겨를이 없었다. 시간이 지나 사람들은 '소록도에서 하도 고생해서 하나님이 김 박사에게 선물로 주셨다'라고 칭찬해 주셨다. 하지

만 나는 사역과 교회라는 '속세'를 떠나게 된 것 자체에 무엇
보다 감사했다.

농부신학자, 흙과 자연 속에서 하나님 알아가기

농장을 시작하고 첫 5년 정도는 일주일의 절반 정도를 화천
농장에서 보냈다. 농장에 머무는 동안 나는 주로 흙 속에 파
묻혀 시간을 보냈다. 멍하니 흙을 만지고 풀을 뽑으면서 생
각을 비우고 마음을 비우고 나 자신을 비웠다. 흙은 치료제
였고 생명이었다. 내 두 손에 들어온 흙은 내게 이래라저래
라 지시하지도 강압하지도 않았다. 그저 마음속에 무엇인가
를 우러나게 해주고 조금씩 느끼게 해 주었다. 특히 2020년
부터 시작된 코로나는 내게 공기 좋은 시골에 파묻혀 삶을
깊이 되돌아보는 계기가 되었다. 자연은 내가 믿고 배운 대
로 나를 품에 안고 치료했다.

2022년 가을, 농장에 발을 디딘 지 6년이 지난 시점에 나
는 생활 터전을 온전히 화천으로 옮겼다. 시골의 흙과 바람
은 마법을 지니고 있다. 특히 농장 전체에 농약을 사용하지
않고 거의 친환경으로 농사를 짓는 것이 도움이 되었다. 몸
이 살아나기 시작했고 생각과 정신과 영혼의 상태가 다시
꿈틀거렸다. 글이 진지하게 보이기 시작했고 책이 읽혔고
아내와 자녀들이 다시 보였고 내 마음속에 하나님에 대한

영적인 갈망이 옹달샘처럼 솟아올랐다.

나만의 일일 루틴은 보통 오전 11시에 시작된다. 댕댕이들을 챙기고 닭을 챙기고 내가 좋아하는 활을 쏘는 시간을 정기적으로 갖는다. 두 시간 동안 그렇게 하나님을 묵상하고 나 자신을 되돌아본다. 이러한 일상을 통해 혼자 하늘을 보아도 하나님에 대한 열망이 벅차오를 정도로 몸과 마음이 점차 회복되었고, 그 회복의 여정은 점차 깊은 맛을 내기 시작했다. 2024년 키아츠가 20주년을 맞이했다. 이 무렵에서야 나는 다시 어려운 책을 펴들고 강의를 시작하고, 정성을 다해 글을 읽고 쓸 수 있었다. 지난 8년은 내게 덕지덕지 붙은 때를 어느 정도 벗겨내 주고 나를 정화시켜 준 시간이었다. 그리고 서서히 조명의 단계로 한 발짝 들어가고 있다. 수도사들이 하나님에게 이르는 정화(purification)와 조명(illumination)과 완전(perfection)의 3단계 중에서 이제 기본을 다지고 있는 것이다.

소박한 일터, 영어학원 원장

1994년 두레연구원의 장학생이 되어 두레공동체를 접한 이후, 재정적인 측면에서 유학 시절 미국 학교에서 주는 장학금을 제외하고는 대부분 후원에 의존해 살았다. 2003년 귀국해서 이듬해에 키아츠(KIATS)를 세우고 한국 기독교의 집

대성과 대동여지도를 그리는 작업에 적지 않은 재정이 필요했다. 하지만 국내외 교회와 성도들의 도움으로 지난 20여 년 동안 누적 200권에 달하는 연구서들을 출간할 수 있었다.

키아츠의 공적인 사역은 쌀독에 쌀이 떨어지지 않은 기적으로 견뎠지만, 내 가족이 먹고살 쌀독과 기름병은 늘 여유가 없고 부족했다. 학위를 받고 돌아오자 분당중앙교회는 내가 의미 있는 작업을 하도록 가족이 최소한의 생계를 유지하라고 당시 부목사의 연봉에 해당하는 연 3천만 원을 7년간 아무런 조건 없이 지원했다. 매달 250만 원의 지원금은 지금 생각해도 참 유용하고 감사한 일이었다. 하지만 세 자녀가 한참 커가는 상황에서 가족은 경제적으로 늘 쪼들렸다. 가족의 경제생활은 주로 아내의 몫이었다. 미국 명문 콜럼비아대학 교육대학원에서 공부했던 아내는 과외와 학원업으로 가족의 부족한 경제적 측면을 채워야 했다. 하지만 하늘 비전만 바라보던 그 무렵 내게 가족의 현실이 눈에 들어올 리가 없었다.

화천에서의 변화를 경험하던 나는 2019년 12월 서울에서 화천으로 가는 길목에 있는 남양주 별내에서 영어학원을 열었다. 뒤늦게나마 가족이 생활하는 데 도움이 좀 되겠다 싶어서였다. 또 이제는 더이상 후원을 요청하는 부담감을 지고 싶지 않았다. 그런데 다음 해 초부터 시작된 코로나 때문에 내가 학원업이라도 시작하지 않았으면 도저히 살아남을 수 없는 상황이 되었다. 미리 준비하게 하신 하나님께 감사할 뿐이다. 이제는 점차 생활권을 화천으로 정리하면서 춘천으로 학원을 옮겨 생업을 계속하고 있다.

강원도 화천의 농부신학자, 흙과 노동 가운데 재가 수도자로

화천과 춘천을 중심으로 삶의 무대를 정리하면서 인생의 후반전에 꼭 해야 할 일들을 추려나갔다. 선택과 집중이란 말하고 듣기엔 좋지만 내가 직접 삶에 적용하는 데서는 늘 게으름쟁이였다. 그런데 이제 각오를 새롭게 했다.

어느 날 아침 여느 때처럼 농장을 돌아보는데 순간 그런 생각이 떠올랐다.

'내가 재가 수도사 같은 농부신학자가 되어야겠구나.'

아직은 서툴지만 말이다. 어린 시절 지독한 가난으로 학교 수업을 빠지고 어머니의 농사일을 도와 생계를 유지했지만 그때의 농사 기억은 내게 따뜻함으로 다가왔다. 자연은 정직하다. 자연은 사람을 먼저 배신하지 않는다. 인간의 사소한 실수에도 쉽사리 비난하지 않고 내가 스스로 배우는 동안 인내심을 갖고 기다려준다. 아침이슬은 성령의 은사처럼 영롱하게 자양분이 되어 하늘에서 내리고, 낮의 햇살은

쌀밥이 되어 자연과 내 영혼을 살찌운다. 농작물은 농약을 주지 않으면 거칠지만 건강에는 더 좋은 소산물을 선물로 돌려준다. 그렇게 농약을 치지 않는 신앙을 우리가 가질 수는 없을까. 농약을 한번이라도 치는 땅은 다시 건강하게 회복하기가 정말 힘들다.

농사는 하늘 아버지의 마음을 진실하게 알아가는 참 좋은 방법이다. 거기에 내가 사랑하는 어머니, 홀로 가장의 짐을 지고 눈물을 삼키며 농사일을 하신 어머니의 마음을 새록새록 느끼게 해 주었다. 이렇게 어린 시절의 고난과 한이 이제는 아름다운 햇살이 되어 다가왔다. 나이에 상관없이 순수함과 깨끗함을 찾아가게 하는 것이 흙이요, 자연이요, 농사다.

내가 하버드대학과 프린스턴신학대학의 학위과정에서 전공했던 중세 신학자들과 중세 수도사들의 문화는 땅과 자연을 벗 삼아 하나님을 알아가고 세상을 살아가는데 좋은 모델이었다. 30대에 유럽의 수많은 수도원을 다니면서 가진 마음을 이곳 농장에서 펼쳐보는 기쁨을 기대했다. 하루에 3~4시간씩 노동하고, 책을 읽고 편찬하고, 줌을 통해 사람들을 가르치는 일을 하나둘씩 시작했다. 더 중요하게 이제는 이론이 아니고 노동의 삶을 살아가면서 말이다. 지성보다 마음을 강조하고, 학문보다 노동을 강조하는 삶이다. 'Labora et Ora.' 노동하고 기도하라. 수도사들은 원래 'Ora et Labora'를 강조했다. 그런데 내게는 노동 후의 기도가 훨씬 찰지다. 노동이 기도와 동등한 가치를 가질 때 마음이 순수하고 깨끗해진다. 그렇게 시작된 내 정체성이 바로 다섯 글자, '농부신학자'다.

다음세대 양성, 창원새순교회

코로나의 긴 터널을 지나 2024년 들어 사회와 교회가 다시 활기를 찾아갔다. 개인적으로도 그동안 밀린 사경회와 강연과 설교가 부쩍 늘었다. 그런데 우선하여 요청하는 제목이 있었다.

'다음세대 양성'

코로나를 전후해 한국 기독교는 큰 변화를 겪었다. 학령인구의 절대적인 감소를 비롯해 사회적인 여러 변화로 성도들의 숫자 역시 눈에 띄게 줄었다. 무엇보다 어린이 주일학교를 가진 교회가 전체 교회의 절반도 안 될 정도로 줄었다. 이대로 가면 얼마 지나지 않아 한국 사회뿐만 아니라 교회도 심각한 위기에 빠지게 될 것이다.

그래서인지 내가 가는 곳마다 인재 양성, 다음세대 양성에 대한 주제가 대화의 중심을 차지한다. 2월에는 부산의 세계로교회를 방문해 다음세대 양성과 현재의 주일학교시스템의 효과적인 융복합 문제를 나누었다. 작은 어촌마을에서 시작해 복음전도의 열정 하나로 달려온 손현보 목사가 이제는 다음세대 양성에 온 힘을 다하고 있다는 것도 감사했다.

그러던 차에 지난여름 그간 지속해서 관심을 두고 있던 창원의 새순교회에 강연과 설교를 하러 갔다. 새순교회는 지금은 은퇴한 박영호 목사 시절부터 교회 안에 장학위원회를 만들었다. 그리고 더 효과적인 장학지원을 위해 내가 매년 한 번씩 교회를 방문해 자문과 설교를 했다. 주일에는 중고등학교 예배설교를 하고, 오후 예배 때는 장년 성도들과 함께 우리가 왜 다음세대 교육에 힘을 기울여야 하는지를 나누었다. 그런 후에 학생들과는 가을에 하루 일정으로 한국 기독교의 신앙유적지를 직접 안내하며 현장에서 꿈과 비전을 나누곤 했다.

코로나가 일단락된 올해 다시 그런 기회가 부활했다. 오래된 우정의 맛이 깊듯, 새순교회 성도들과의 우정이 진국처럼 느껴졌다. 만 24시간의 빡빡한 토요일과 주일 일정을 마치고 돌아오는 기차에서 그런 생각이 언뜻 들었다.

'책을 써야겠어. 그동안 몇 번 시도했지만 바쁘다는 핑계로 펴내지 못했는데….'

그래서 다음세대 양성과 관련해 지난 25년간 경험하고 느낀 이야기들을 정리하는 작업을 시작하게 되었다.

제1장
네 번의 장학재단 이야기

제1장
네 번의 장학재단 이야기

내가 호랑이 새끼도 아닌데

나는 하나님이 가끔 내게 야속하다고 생각하곤 했다. 그분은 내가 다른 사람을 위해 기도하고 요청할 때는 잘 들어주신다. 그런데 나 자신이나 가족의 필요에 대해서는 대답이 느리고 잘 응답하지 않으신다.

'처음부터 좀 더 도와주시면 안 될까? 왜 내가 어느 선까지 혼자 힘으로 살아오라고 말씀하실까? 내가 호랑이 새끼도 아닌데….'

나는 고등학교를 졸업할 때까지는 논밭 일을 하면서 학교에 다녀야 할 정도로 지독한 가난에 시달렸다. 당시 매년 서울대학교에 30~40명씩 입학을 시키던 광주 인성고등학교에 9회 수석으로 입학했지만, 배고픔과 가난 앞에서는 그것도 별 소용이 없었다. 겨우 3년 공부를 마치고, 1985년에 대학진학을 위해 태어나 처음으로 서울로 올라왔다. 다행히 서울대학교에 입학하니 도서관 아르바이트도 할 수 있었고, 3학년 때부터는 과의 우등 장학생에게 대학에서 등록금 외에도 매달 5만 원씩 장학금을 추가로 주었다. 거기에 과외와 학원 강의로 삶은 하나둘씩 자리를 잡아갔다.

대학을 졸업하고 공부를 좀 더 하기 위해 서울대학교 대학원에 진학했다. 학원에서 영어를 가르치는 일로 벌이도 더 좋아졌고, 종종 후배들의 등록금도 대주곤 했다. 어린 시절 부족하거나 왜곡된 삶의 굴절되고 부족한 부분도 하나둘씩 다듬어졌다. 사실 어린 시절 징그러운 가난 때문에 남에게 도움을 청한다는 것은 자존심이 상하고 용납하기 힘들었다. 하지만 그것도 많이 개선되고 있었다. 대학원 시절 학교를 휴학하고 나서 카투사로 군대를 마치고 다시 복학해 대학원을 무난하게 졸업했다.

1994년 3월 총신대학교 신학대학원에 입학해 그동안 마음에 둔 신학을 본격적으로 공부했다. 초등학교 4학년 말에 죽음을 앞둔 어머니를 살려준 하나님께 서원했던 오래전 약속을 이제는 답할 때가 되었다. 어차피 신학을 할 거라면 이제는 인생을 좀 다르게 살아야겠다고 결심했다. 마치 기다렸다는 듯이 내가 전혀 예상하지 않았던 다른 삶이 내 앞에 다가왔다. 그것은 다름 아닌 사람을 키우는 일이었다.

인재 양성, 다음세대 양성.

내 인생에서 다음세대 양성 이야기가 시작된 것이 바로 이 시점이다. 물론 하나님께 여전히 조금의 아쉬움은 남아 있었다.

'어린 시절 지독한 가난으로 몸부림칠 때, 누군가 내게 따뜻한 국밥이라도 한 그릇 사주었더라면 그렇게 좌절하지 않았을 텐데. 이제 나름 먹고살 만하니까 하나님이 사람과 다른 사람들을 생각하게 하시는가.'

(1) 두레연구원과 두레장학재단

새벽을 깨우리로다

당시 내 눈에 들어온 것이 김진홍 목사가 이끌던 두레연구원이었다. 민주화 항쟁 시기를 거치면서 청년들은 입술만이 아닌 행동으로 복음을 살아가는 기독교적인 모델을 목마르게 찾았다. 시대를 막론하고 종교인들의 가장 큰 고민은 하나님을 찾아가는 길뿐만 아니라 신앙에서 배운 대로 살아가는 것이다. 당시 많은 사람이 한국 교회가 전통적으로 즐겨 사용해 오던 '예수 믿고 천당 갑시다'니 '예수 믿고 복 받읍시다'를 넘어서기 원했다. 교회 성장과 전도에는 목숨을 걸다시피 하면서 정작 전두환의 군부독재에 침묵을 지키고 주변의 약자들에게 별로 눈길을 주지 않던 기존 교회에 강력하게 저항하던 시기였다. 이제 '몸보신 종교'로서의 기독교를 넘어서고자 했던 시기이다.

그때 김진홍 목사의 젊은 시절 빈민목회를 다룬 『새벽을 깨우리로다』라는 책이 나왔다. 이 책은 1982년 초판이 나온 이래 많은 사람의 사랑을 받았고, 나 역시 책을 단숨에 읽었다. 다행히 아직은 기독 청년들도 책을 읽던 시대였다. 김 목사는 '김변사'라 부를 정로도 말을 잘했다. 젊은 시절 청계천과 남양만에서의 그의 삶과 말은 참신했고 도전적이었다. 김진홍 목사가 다음시대를 준비하면서 시작한 인재 양성 프로그램이 바로 두레연구원이었다. 더군다나 시대를 잘 읽어낸 성서한국, 선교한국, 통일한국 같은 개념은 많은 젊은이의 마음을 훔치기에 충분했다.

내가 알고 있던 이들도 두레연구원에 들어가 활동하고 있었다. 항간에 그 단체가 의식 있고 능력 있는 젊은 기독인들을 모은다는 이야기도 들렸다. 두레연구원은 다양한 분야에서 젊은 청년들을 선발해 기수당 2년을 1차 기간으로 매달 일정액의 장학금을 지급했다. 한 달에 두 번 정도 토요일에 정규적인 교육모임을 갖고, 일 년에 한두 차례 남양만이나 두레와 관련된 현장에서 노동수련회를 했다. 나는 서류전형과 면접을 통해 두레연구원 3기로 활동을 시작했다. 면접 때 나는 김진홍 목사를 처음 만났다.

그렇게 맺어진 두레와의 관계는 점차 깊어졌고 지금의 내 모습을 이루는 중요한 원천이 되었다. 나는 두레연구원 3기 동기들과 2년간의 연구원 활동을 마치고 이후에는 두레연구원의 연구위원으로, 「두레 사상」 편집위원으로 활동했다. 이후 두레운동에 좀 더 참여하면서 김진홍 목사를 가까이서 모시며 중국과 북한 관련 사역을 했다. 1997년 미국으로 유학을 떠난 이후에도 미국 보스턴과 프린스턴에서도 두레활동을 계속했다. 심지어 뉴저지에서는 두레공동체 가족들과 함께 교회를 세워 잠시 목회를 하기도 했다. 하지만 그런 관계는 2001년 몇 가지 이유로 중단되었다. 그럼에도 내가 젊은 시절 두레에서 느끼고 배운 것은 이후 20여 년에 이르는 인재 양성 프로그램의 곳곳에 깊게 자리했다.

사람과 또래 그룹

당시 한국의 많은 교회가 성장과 교회 건축과 정신을 차릴 수 없을 정도로 많은 프로그램에 몰입해 있었다. 찬란한 쇼 윈도 교회는 어쩌면 갈릴리 예수가 3년의 공생애 동안 전혀 관심이 없었던 빈 껍데기였을지 모른다. 내가 다녔던 충현교회는 한국 교회 특유의 대형 교회 건축과 부자 세습에 앞선 전형이었다. 충현교회는 미래 교육을 위한다는 명목으로 거대한 교육관을 지었지만 진정성 있고 창의적인 교육적 고민은 적었다. 선교의 붐을 따라 선교관을 거대하게 지었지만 정작 선교에 대한 본질적인 몸부림은 별로 보여주지 못했다. 북한선교를 위해 엄청난 조직과 재정을 쌓아두었지만 각종 집회와 모금과 기본적인 프로그램 운영의 선을 넘지 못했다. 가장 중요한 것은 확증편향적인 구호와 돌진 외에 그런 분야의 새로운 장을 열어갈 사람과 여건을 조성하는 일에는 정작 무지했다. 행동 없는 양심이 호소력을 갖지 못하듯이, 삶과 일치되지 않는 종교성은 참으로 공허했다.

그런 상황에서 김진홍 목사가 사람을 키운다는 것은 교회 안팎에 적지 않은 충격이었다. 그것도 대단한 큰손 후원자가 있는 것도 아닌 상황에서 매달 적지 않은 재정을 장학금으로 사용하는 것은 예나 지금이나 쉽지 않다. 받는 사람에게는 적은 돈이지만 그 정도라도 모아야 하는 처지에서는 늘 큰돈이기 때문이다. 더군다나 그는 자신이 속한 대한예수교장로회 통합 측 교단의 젊은이들만 선발하는 것이 아니라 다른 교단의 배경을 가진 사람뿐만 아니라 심지어 가톨릭 교회의 젊은이들까지 아울렀다. 나아가 신학목회 분과만이 아니라 인문사회학, 환경 및 사회운동의 영역에 걸쳐 젊은이들을 선발해 장을 만들어 주었다.

'사람….

사람….

시대와 복음을 고민하는 젊은이들'

김진홍 목사는 돈이나 조직이 아닌 사람을 끌어모았다. 시대와 교회와 통일에 대해 고민하는 젊은이들을 전국적으로 전 영역에서 모아들였다. 그런 젊은이들을 모아만 놓아도 자기 시대를 이끌어갈 대안을 찾아 열정을 바쳐 살아가지 않겠는가. 서울대학교의 교육과 시스템이 좋아서 좋은 대학인가, 워낙 우수한 학생들이 모이니 큰 노력을 기울이지 않고서도 좋은 대학의 위상을 유지하는가라는 우스개 같은 질문과 같다. 물론 그런 젊은이의 마음을 동하게 하는 김진홍 목사 특유의 언변과 지도력이 한몫했다. 모든 것을 떠나 그가 강조한 사람의 중요성은 아무리 강조해도 지나치지 않았다. 그것은 어쩌면 나를 가난과 그로 인한 과거의 자기 연민에서 사회와 약자에 눈뜨게 해 준 사랑과 비전의 촉매제였다.

젊은 김진홍 목사는 사람에 대한 관심이 많았다. 내가 가까이서 경험한 그는 꿈쟁이였고, 비전가였고, 변사 같은 타고난 말쟁이였다. 개인이 가진 학력이나 인맥이나 당장의 성취보다 꿈꾸는 젊은이를 좋아했고, 그런 젊은이들과 만나 이야기하는 것을 좋아했다. 그런 사람들이 힘을 모아 또래 그룹을 형성한다면 시대의 변곡점을 만들 수 있다고 여겼다. 보수 신앙이 몸에 밴 내게 가톨릭 청년부터 진보와 보수 진영의 청년들까지 아우러진 30여 명의 또래 그룹은 큰 도전이었고 기회였다. 동질적 그룹은 퇴화하기 쉬운 열성이지만, 다양한 존재들이 모인 것은 더 강한 힘을 발휘하는 우성이라 하지 않았던가.

'세 겹 줄은 쉽게 끊어지지 않느니라.'

같은 시대를 열어 갈 또래를 모으는 것은 개개인의 역량 못지않게 중요하다. 한 사람이 인생의 어느 시점에 맞닥뜨릴 수 있는 외롭고 고독한 상황에서 힘이 될 것이기 때문이다. 시대의 독립군은 또 다른 독립군 동지와 해장국 한 그릇만 함께 해도 힘이 난다. 만약 서로 힘을 더한다면 한 개인이 돌파할 수 있는 한계를 몇 배나 더 힘차게 넘어설 수 있지 않겠는가.

김진홍 목사는 사람을 좋아했다. 그는 마음이 가는 사람 개개인에 대해 깊이 배려하는 마음을 지녔다. 어느 날 이름 아침 김진홍 목사가 전화를 했다.

"김 전도사, 그렇게 분주하게 일을 하면서 생계는 어떻게 마련하나?"

두레운동에 보다 적극적으로 참여하면서 잘나가던 학원업을 모두 정리하고 한국과 중국과 북한 관련해서 다리가 부르트도록 돌아다니고 있던 어느 날 새벽이었다. 내 사정

을 파악한 김진홍 목사는 그 달부터 매달 100만 원을 생활
비로 지원해 주었다. 그는 정이 많은 사람이었다.

시대정신에 답하려는 고민과 행동

그렇게 모인 또래 그룹, 두레연구원들은 복음과 삶, 민주와
통일, 원효와 그리스도에 이르는 다양한 주제로 밤을 새워
가면서 폭넓게 대화하고 토론했다. 충현교회 같은 보수적인
배경에서 대학 시절을 보낸 내게 그런 모습이 처음에는 생
소했다. 하지만 같은 시대를 살아가는 비슷한 또래인 우리
는 금방 친해졌다. 친해지면 다름을 비교적 가뿐하게 넘어
설 수 있고 상대방의 말도 좀 더 들으려 하게 된다.

경기도 화성시에 자리한 남양만 두레마을에서의 노동수
련회는 일주일을 온전히 기도와 노동으로 함께하면서 치열
한 고민을 나누고 토론하기에 좋은 기회였다. 아침 일찍 김
진홍 목사는 연구원들과 마을에 사는 스텝들과 함께 말씀을
나누었다. 나머지 시간에는 연구원들이 조를 짜서 함께 콘
크리트를 치고 국수를 말리고 버섯농장을 돌봤다. 저녁에는
하늘의 별을 보고 세상과 신앙을 테이블 위에 올려놓고 밤
이 깊도록 이야기했다. 젊은 시절 그렇게 뜻을 맞추어 같이
일정한 시간을 몰입하는 것은 참 좋은 훈련이다. 리더나 설
교자만 보게 하지 말고 동료들의 손을 잡고 서로를 보게 하

는 것은 중요한 교육방법이다.

20대에 만나 함께 많은 시간을 보낸 친구들, 선후배들은 인생의 고비에 좋은 동역자였다. 내가 북한 동포들을 도우려고 통일강냉이를 함께한 것도, 이후에 한중장학재단을 시작한 것도 바로 그때 친구들과의 우정과 비전을 통해서였다. 그 어떤 것도 아닌 사람이, 그것도 좋은 사람이 꿈을 만들고 시대를 열어갈 동력을 부여한다.

두레연구원 시절 이후에도 김진홍 목사는 몇몇 두레연구원 출신들을 가까이 두면서 지속해서 시간을 같이 보냈다. 해외 여러 곳에서 며칠씩 시간을 같이 보내면서 자신이 오랫동안 꿈꾸던 것을 실행할 방안을 젊은 학자들과 목회자들이 찾아내기를 소망했다. 세계 곳곳을 돌아다니며 현장에서 그런 꿈을 꿀 기회를 만들어 준 것 자체가 내게는 소중했다. 숭실대학교의 김회권 교수와 이문장 목사, 두레공동체운동의 김호열 목사, 괌두레교회에서 오랫동안 나를 도와주신 최동묵 목사 등은 한참이나 어린 내게도 늘 기대감을 갖게 만들었다. 그리고 내가 사랑하고 존경하는 동료 조동업 선교사와 윤환철, 김재호 등 수많은 동료는 사실 나의 스승이었고, 독립투사 같은 사랑하는 동지들이었다.

원효, 통합적 사상을 지닌 자유로운 영혼의 소유자 같은 기독교 인물이….

한국과 중국, 그리고 미국과 에든버러에서의 모임을 통해 김진홍 목사는 내 인생에 깊은 영향을 끼쳤다. 그 모임에서 논의된 많은 이야기는 때로는 뜬구름처럼, 다른 한편으로는 가슴 벅찬 이야기로 들렸다. 그중 몇 가지는 내 인생에 두고 두고 깊은 영향을 끼쳤다.

첫 번째로 김진홍 목사는 신라 시대 원효(617~686)같이 자기 주체성을 갖고 우리 문화의 통합적 사상을 논할 수 있는 인물이 기독교에 나왔으면 좋겠다는 말을 입버릇처럼 했다. 원효는 한국의 고대사와 철학사, 사상사에서 중요한 한국 불교계의 고승이다. 파계승으로 자유분방한 기질의 소유자였지만, 불교의 대중화와 삼국통일을 위한 사상적 통일에 기여했다. 특히 원효가 해골바가지의 물을 마신 일화는 그 진위와 관련 없이 후대에 큰 영향을 끼쳤다. 그는 의상(625~702)과 함께 당나라로 유학을 떠나려고 했다. 배를 타러 가는 길에 어느 날 날이 어두워지자 근처에 굴을 발견하고 그곳에서 하룻밤을 묵었다. 그렇게 잠을 자다 갈증을 느낀 원효가 깨어나 근처에 있는 물을 맛있게 마셨다. 그런데 알고 보니 그것은 파헤쳐진 무덤에서 뒹굴고 있는 해골바가지 안의 물이 아니던가. 소름이 끼치는 일이었다. 그런데 곰곰이 생각해 보니 어젯밤에는 그리 단맛을 느끼지 않았던가.

'아 모든 것은 마음이 지어내는 것이구나.'

그렇게 해서 원효는 깨달음을 얻고 유학의 길을 접었고, 의상은 당나라로 유학길을 떠났다. 그리고 시간이 지나 원효와 의상은 유학 여부와 상관없이 그 시대를 대표한 종교적 인물이 되었다.

김진홍 목사는 기독교인들에게 더 깊은 공부를 위해 유학을 하느냐 마느냐의 문제가 아니라 본질적인 깨달음을 얻는 것이 먼저 필요하다고 강조했다. 한국 교회의 분파주의가 아닌, 삼국통일의 사상적 주춧돌이 되는 원효의 화쟁사상(和諍思想)처럼 모든 것을 통섭하고 조화시킬 사상이 우리 기독교에 필요하다고 열변을 토했다.

꼴통 보수 신앙을 갖고 있던 내가 아무리 학부에서 종교학을 했더라도 그런 이야기가 처음에는 불편했다. 말의 취지에는 동의하지만 한편으로 현재의 기독교 상황에 대한 따끔한 충고였고 동시에 불교의 주제까지 끄집어내는 것이 편하지만은 않았다. 하지만 그의 말은 두고두고 깊은 여운을 남겼다. 긴 시간이 지나 내 박사 논문의 주제였던 중세유럽의 에리우제나(Eriugena)도 9세기 중세유럽에서 그런 시도를 했던 사람이다. 에리우제나는 아일랜드 출신으로, 영국을 거쳐 지금의 서유럽의 기초를 놓은 카롤링거왕조 궁정 신학자가 되어 당대 신학과 사상을 조합해낸 사람이다.

두 번째로 그는 한국 기독교의 재정립을 위해 더욱 근본적인 작업이 이루어지기를 원한다는 말을 종종 했다. 김진홍 목사는 본인이 학문적인 연구를 깊이 한 것도 아니었다. 내 능력과 관심의 범주를 훨씬 뛰어넘는 그런 이야기가 젊은 내 귀에 들어올 리 없었다. 무엇보다 김진홍 목사가 말한 그런 근본적인 작업이 무엇인지, 그 자신도 듣고 있는 우리도 분명하게 파악하지 못했다. 그럼에도 그 논조의 핵심은 내 삶에 깊게 각인되었다. 나는 이런 이야기를 머지않아 분당중앙교회 최종천 목사를 통해 다시 듣게 되었다.

'한국 교회의 전환을 위한 근본적인 작업이 필요한데….'

'근본적인 작업'은 나름 시대를 보는 리더들이 공감하는 주제였다. 선배들은 그런 꿈을 꾸고 다음세대는 그런 꿈을 살아내는 것이 인물 양성의 기본 원리인지 모른다.

현옥이 아버지를 만난 현장, 사람을 바꾸는 힘

나는 만 6년 정도 김진홍 목사를 가까이서 보고 모셨다. 두레연구원 3기 동료로 친하게 지내던 김재호를 선두로 조선족 사기 사건 일을 돕다가, 북한 주민들을 대상으로 한 탈북난민 식량 구호 사업을 일선에서 같이 했다. 김재호와는 이름도 비슷하고 생김새나 기질도 유사한 면이 있어서 서로

친형제가 아니냐는 말을 듣기도 했다. 우리는 함께 기업의 후원을 받으며 옷가지와 먹을 것과 후원금을 모금했고, 북한의 식량 부족과 기아로 인한 사망자 관련 자료를 수집해 언론사에 제공하기도 하는 등, 북한의 식량난민을 돕기 위한 다양한 활동을 같이했다. 정관용이 진행하던 CBS 시사 자키에 출연해 북한의 식량 사태에 관해 한 시간 정도 대담을 나누기도 했다. 이 생방송이 계기가 되어 양천구에 자리했던 통합 측 목민교회 김동엽 목사와의 오랜 우정이 이어지기도 했다. 김동엽 목사의 사람 사랑은 각별했고, 후배들에게 늘 된장국같이 구수한 선배 목회자였다. 내가 하버드 대학 시절 등록금이 부족한 사실을 알고, 그는 개인적으로 1천만 원을 은행에서 융자받아 지원해 주기도 했다. 내가 한중장학재단의 동반자였던 중국 여성 지도자 박민자 선생을 만난 것도 이때였다.

'현장은 힘이 있다.'

이런 활동을 통해 강력하게 깨달은 것이 바로 현장의 힘이다.

미국 유학을 몇 달 앞둔 어느 날 김재호 형제와 나는 용정시장에서 쌀과 먹을 것을 사서 두만강 인근 탈북난민들의 중간 기착지 한 곳에 도착했다. 미리 약간의 돈을 중국 돈으로 환전해 주머니에 챙겼다. 광활한 길을 한참 달려 밖에서 보기엔 허름한 헛간 같은 곳에 도착했다. 문밖에서 우리가 부르니 짚더미 안에서 우리 목소리를 듣고 세 사람이 밖으로 나왔다. 바로 식량을 구하기 위해 북에서 온 사람이었다.

내 또래의 젊은 아버지와 그의 딸 현옥이와 제대로 걷지도 못하는 할머니가 눈앞에 서 있었다. 현옥이 아버지는 북한에 굶주림이 심해서 어머니에게 마지막 따뜻한 밥 한 끼라도 대접하고 싶어서 여차여차 강을 넘어 이곳까지 왔다고 했다. 어쩌면 나이든 어머니에게 아들과 손녀가 마지막 효도 관광을 시켜드린 것이다. 현옥이 아버지의 설명을 곧이곧대로 믿지 않더라도 그의 이야기는 감동을 주었다. 내가 지금도 현옥이를 기억하는 것은 나의 누나 이름이 현옥이고, 현옥이가 마침 나의 큰아들과 같은 나이였기 때문이다.

서로 한참을 이야기하다가 현옥이 아버지가 내게 물었다.

"선생님, 금방 미국으로 유학을 떠난다는 분이 이렇게 어려운 일을 하십니까?"

나는 그에게 이렇게 대답했다.

"내가 스승으로 삼으며 믿는 예수라는 청년이 있는데, 나보고 이렇게 살라고 했지요."

그러고는 내가 준비한 작은 쪽 복음서를 하나 건넸다.

"내가 예수가 누군지는 모르지만, 김 선생님이 말한 그분을 한번 따라 보겠습니다."

우리는 서로 인사하고 현옥이 아버지와 한참이나 포옹을
했다. 그리고 내가 말했다.

"현옥이 아버지, 잘 살아남으세요. 통일된 조국에서 꼭
만나도록 합시다."

그것이 우리의 마지막 만남이었다.

그 헛간에서의 만남은 평생 내 가슴에서 지워지지 않았다.

(2) 한중장학재단

김진홍 목사와 두레연구원 활동은 내 인생과 삶의 자세를
서서히 바꾸었다. 내가 세웠던 한중장학재단도 바로 이 무
렵, 미국으로 유학을 떠나기 직전에 시작되었다. 1997년 2
월 몹시 추운 겨울, 두레연구원 친구들과 함께 중국 연변과
두만강변으로 졸업여행을 떠났다. 총신신대원 졸업식이 예
정되어 있었고 내가 총장상을 받게 된다는 연락이 왔지만,
신대원보다 중국의 현장이 우선 마음에 들어왔다. 이 여행
은 내가 홍정길 목사와 이문식 목사의 심부름으로 연변대학
에 전달 여행을 간 이후 두 번째 중국 방문이었다. 친구들
과의 여행을 통해 우리는 북한 주민들의 현실과 조선족들이
처한 상황을 좀 더 깊이 있게 알게 되었다. 그리고 분단된

한국의 통일을 좀 더 진지하게 염원하는 계기가 되었다.

내가 북한과 중국 연변에 좀 더 관심을 갖게 된 것은 그 한 해 전부터였다. 중국의 개방정책과 함께 한국 기업들이 저렴한 노동비용과 거대한 시장을 꿈꾸며 연변지역에 물밀 듯이 들어왔다. 그리고 이 과정에서 조선족들을 대상으로 한 일련의 사기 사건이 발생해서, 급기야 1996년 하반기부터는 중국 사회와 한국 사회에서 큰 문제로 부상했다. 일찍부터 사회운동에 관심이 많았던 두레연구원의 동기 김재호는 이 문제에 목숨을 걸고 활동했다. 이 문제에 전념하는 와중에 우리는 놀랍게도 북한에서 일어난 심각한 수해로 굶어 죽는 사람들이 폭증하고 있다는 소문을 접했다. 이 소식을 듣자 젊은 우리는 그저 손을 놓고 앉아있을 수 없었다. 그래서 김재호를 중심으로 통일강냉이라는 조직을 형성하고, 굶어 죽는 북한 주민들을 도울 방책을 마련하기 시작했다. 통일을 바라기 전에 강냉이라도 들여보내 사람을 살려야 한다는 우리 청년들의 순수한 열정이 깃든 이름이었다. 꿈의 진정한 힘은 꿈을 꾸는 데 있지 않고 손과 발로 실천하는 데 있다. 사실 20대 후반의 청년들인 우리가 무슨 대단한 힘이 있었겠는가. 하지만 김재호는 현장 책임을 맡고, 나는 국내에서의 홍보와 모금을 위해 동료들과 바쁘게 움직였다.

통일강냉이 프로젝트를 통해 나는 조선족 문제에 점점 관심을 가졌다. 북한 주민들의 문제도 시급했지만, 연변과 동북 3성에 사는 조선족의 다음세대의 정체성이 붕괴되고 있었기 때문이다. 일제강점기 일본의 억압을 피해 자유와 독립을 기대하며 우리 선조들이 고향을 떠나 자리 잡은 곳이 연변을 중심으로 한 간도 지역이다. 그 숫자는 한때 200만 명에 이르렀고, 우리나라의 독립과 기독교 신앙을 지켜내는 데 중요한 역할을 했다. 그런데 시간이 흘러 조선어를 쓰는 학생들이 줄어들고 조선족 후예들이 정체성을 잃으면 어떻게 될까 하는 걱정이 들었다. 역사에 관심을 갖고 있던 내게 유독 마음에 걸리는 부분이었다. 지금 생각해도 오지랖 넓은 생각이었지만 한번 마음을 사로잡은 주제가 쉽사리 잊히지 않았다.

방룡이

내가 연변을 방문하고 있던 시기에 한번은 중국과 북한 식량난민 사역에 우리 파트너로 함께 하던 백두산그룹 회장의 아내인 박민자 선생이 내게 살짝 말을 건넸다.

"김 선생, 연변대학에 다니는 학생과 차 한잔 하실 수 있을까요?"

박 선생을 따라간 곳은 연변대학 앞에 있는 어느 다방이었다. 우리나라 70년대 다방같이 허름한 곳으로 금방이라도 꺼질듯한 형광등이 반짝이고 있었다. 그곳에 연변대학교 2학년이던 방룡이라는 학생이 기다리고 있었다. 나는 앉아서 가만히 그의 사정을 들어보았다. 아버지는 한국 회사에서 일하다 몸을 다쳐 누워있고, 어머니는 돈을 벌겠다고 한국으로 들어갔는데 연락이 되지 않는 상황이었다. 누이동생은 학업을 중단하고 공장에 다니다 몸을 다쳤다. 그래서 자신이 학업을 그만두고 가족의 생계를 위해 일을 해야 하나 고민하고 있었다. 마침 그때 박 선생이 나와의 만남을 주선했던 것이다.

나는 가만히 눈을 감고 방룡이의 구구절절한 이야기를 듣고 있었다. 그리고 내가 질문을 하나 던졌다. 박민자 선생이 나를 부른 이유를 어렵지 않게 짐작할 수 있었다.

"방룡 학생, 네가 지금 학교를 그만두고 돈을 버는 것이 나을까, 학교를 졸업하고 돈을 버는 것이 더 나을까?"

"김 선생님, 할 수만 있다면 학교를 졸업하고 돈을 벌러 나가면 훨씬 좋지요."

방룡이의 대답이었다.

길지 않은 대화였지만, 나는 방룡의 이야기에서 어린 시절 내 모습을 떠올렸다.

'절실히 도움이 필요한 사람에게 정말 필요한 시점에 국밥 한 그릇만 사줘도 그 사람의 삶이 조금은 더 나아지지 않

을까?'

나는 오래 생각하지 않고 방룡에게 이렇게 말했다.

"나도 유학을 준비하는 사람으로 돈은 없지만, 방룡 학생
이 학교를 졸업할 때까지 학비를 지원할 방법을 찾아볼게."

마음속에 깊이 자리한 조선족 아이들

그 일을 계기로 우리의 핏줄인 조선족 학생들의 현실을 좀
더 파악해 보기로 했다. 한번은 연변제1중학교의 교장 선생
을 만나서 이야기를 마치고 나오고 있었다. 연변1중은 '1중'
이 의미하듯이 조선족 학교에서 가장 역사가 깊고 학생들의
선망의 대상이 되는 학교였다. 물론 여기에 한족들도 같이
다녔다. 교장 선생을 만나 뵙고 나오는 길에 나는 수돗가에
서 연신 수돗물을 마시는 한 학생을 마주했다. 마침 점심시
간이었다. 다음 일정에 여유가 있어서 그와 짧게 몇 마디를
나눴다.

"학생, 점심시간인데 왜 수도에서 물을 들이켜고 있니?"

그런데 잠시 머뭇거리더니 입을 열었다.

"점심을 싸 올 상황이 아니라서요…."

교장 선생은 그 학생의 상황을 내게 좀 더 자세히 말해 주
었다. 그는 전교에서 몇 손가락 안에 들 정도로 공부를 잘하
는 아이인데 집안 형편이 어렵다는 것이었다. 숙소로 돌아

오면서 그 학생의 얼굴이 계속해서 눈앞에 아른거렸다.

'수돗물로 점심 대신 배를 채우고 있는 고등학생이라.'

유학을 준비하던 나는 몇 개월 후에 미국으로 떠나야 했다. 정작 미국 유학을 위한 재정계획도 분명하지 않았다. 유학을 가면 또 하나님이 어떻게 해 주시겠지 하는 천진한 생각만 갖고 있었다. 그래도 신학을 하는 이상 내가 좀 더 그리스도인답게 살겠다고 결심하지 않았던가. 내 눈앞에서 벌어지는 안타까운 현실을 내가 못 본 체할 수는 없었다.

김록송 교수와 한경청 교수, 동북 3성에서 베이징까지

사람은 본 대로 배운 대로 산다. 그래서 앞 사람의 삶의 모범이 중요하고, 개개인의 경험과 교육이 중요하다. 두레연구원에서 배운 사람의 중요성은 어린 시절 지독한 가난으로 고생한 내 삶의 기억과 마주하게 했다. 그래서 나는 결심을 굳혔다.

'그래. 내가 방룡이를 비롯해 이런 아이들을 키울 장학재단을 만들어봐야겠어.'

당시 중국의 환율과 학생들의 등록금을 계산해 보니 한번 해 볼 만 했다. 학생들의 등록금과 책값을 계산해 보니 40여 명을 지원해 주는데 연간 1천만 원 정도면 충분할 것 같았다. 그리고 지금까지 경험으로 보아 한 학기에 500만 원 정도는 모금할 수 있을 것 같았다. 통일강냉이를 하다 보니 펀드레이징에도 자신감이 더해졌던 모양이다.

'그런데 어떻게 객관성 있게 학생들을 선발하지?'

귀한 후원금을 눈에 보이는 대로 계획 없이 지원하고 싶지는 않았다. 내가 잘 아는 곳도 아닌데 그 방대한 동북 3성과 북경에서 조선족 아이들을 대상으로 장학재단을 운영한다는 것이 말처럼 쉽지 않았다. 그래서 박민자 선생을 비롯한 주변의 몇 사람에게서 조언을 구했다. 동료들과 함께 몇 가지 원칙을 정했다.

첫째, 조선족들이 주로 거주하는 동북 3성의 중고등 학생들을 선발해 지원하자.

둘째, 조선족 지도자 중에 조선족뿐만 아니라 중국 사회에서 덕망 있는 인사들로 위원회를 구성하자.

셋째, 중고등학교 학생들을 지원해 주는 동시에, 동북 3성의 조선족 지도자들이 다음세대를 논의하는 장을 갖도록 하자.

넷째, 나는 재정 지원만 하고 운영은 박민자 선생을 비롯한 중국 조선족 지도자들이 하게 하자.

이제 갓 30에 접어든 한국인 청년의 무모해 보이는 행동에도 불구하고 중국의 많은 지도자가 함께해 주셨다. 연변과 동북 3성의 활동가들은 박민자 선생이 주로 연결해 주었다. 동시에 연변과 베이징의 관계를 생각해 나는 베이징의 대표적인 학자들과 지도자들을 찾아뵙고 두 곳의 지도자들이 함께 장학프로그램을 운영하는 구조를 만들었다. 짧은 시간에 이런 구조를 만들 수 있었던 것은 평소에도 그런 생각을 하고 있던 중국 조선족 지도자들이 한국인 청년을 믿어주었기 때문이다. 이 일로 유학을 목전에 둔 내가 베이징과 연변을 몇 번이나 오갔는지 모른다.

그때 베이징을 중심으로 활동하는 중국 조선족 과학자 그룹이 이 일에 적극적으로 협력하고 나왔다. 선비 같은 성격을 지닌 중국과학원의 김록송 교수와 한경천 교수 등이 바로 그들이었다. 그들은 중국 정부가 인정하는 명성 있는 과학자들이었고, 동북 3성의 아이들이 만나고 싶은 조선족 사회의 대표적인 인물이었다. 그들은 자신들이 가진 연결망을 이용해 동북 3성의 주요 학교에 편지를 보내 학교마다 3명 이내의 학생을 추천하도록 했다. 그분들이 아니었으면 그렇게 단시일 안에 동북 3성에서 명망 있는 학교들을 선정하는 일 자체가 힘들었을 것이다. 참 고마운 일이었다.

1997년 5월 7일 그렇게 한중장학재단이 출범했다. 장학 프로그램에 필요한 돈은 내가 모금하기로 하고 나머지 실무는 조동업 형에게 부탁한 다음, 미국에서 가을학기를 시작하기 위해 그해 7월에 유학길에 나섰다. 그리고 하버드대학 첫 학기 겨울 크리스마스를 앞두고, 나는 중국에서 온 장학생들의 지원서를 일일이 읽고 한중장학재단 1기 장학생 50명을 선발하고 한국에서 모금해둔 돈으로 장학금을 보냈다. 당시 정림건축의 김정철 회장을 비롯한 여러분들이 십시일반 후원을 해 주셔서 장학재단은 무난하게 시작되었다. 처음 몇 해 동안은 매년 1500만 원의 장학금과 행사 지원금을 모금해 중국 측 장학재단에 전해 주었다. 1997년 그렇게 시작된 장학생은 한중-두레장학재단으로 이름을 변경했고, 이후 다시 덕림장학재단으로 틀을 바꾸어 지금까지 지속되고 있다.

2011년, 14주년에 다시 찾은 장학생들

유학을 마치고 한국에 들어와서도 박민자 선생과 중국 조선족 측 장학재단 관계자들이 찾아오곤 했다. 훌쩍 큰 장학생 출신들이 이제는 자기들끼리 장학재단을 꾸려갈 상황이 되었다. 2007년에는 장학재단 10주년을 맞이해 장학재단의 기안자인 내가 꼭 참여해야 한다는 연락이 왔다. 하지만 장학재단을 시작한 이래 한 번도 학생들 전체를 대면한 적도 없었고 나는 초기 몇 년간 토대를 놓아준 일밖에 없었기에 다음 기회로 기약하고 사양했다. 하지만 언젠가는 한번 찾아보고 싶었다. 어찌 보면 내가 마음으로 나은 자식들이었기 때문이다.

2011년 5월 장학재단 14주년을 맞이해 마침내 연변을 직접 방문하기로 했다. 마음 설렌 방문을 앞두고 그동안 한곳에 모아둔 여러 자료를 검토했다. 1997년 내가 만든 선발 과정과 운영 규칙은 14년간 변하지 않고 큰 줄기가 유지되고 있었다. 특히 1년에 두 번씩 개최하는 장학생 캠프에서는 사랑과 연대, 조국과 민족의 의미를 불어넣기 위해 애쓰고 있었다. 그들은 기독교를 드러내 놓고 말하기 힘들어서 '사랑'이라는 단어를 사용했다. 사실 14년간 내가 한 번도 그들 앞에 나타난 적이 없었고 예수를 믿으라고 말한 적도 없었다. 그런데 마음과 마음이 통했던 모양이다. 그동안 제일 앞장서서 수고해준 박민자 선생이 예수를 믿게 되었고, 장학생 출신 중에 적지 않은 청년들이 교회에 나가고 있었다. 그렇게 14년간 800여 명의 중고등학교 학생들이 지원을 받고 조선족 사회의 리더로 자리매김했다.

나는 장학생들을 위해 돼지 한 마리를 선물할 돈을 호주머니에 넣고 연변공항에 도착했다. 공항에 마중 나온 연변대학교 교수들과 장학재단 관계자들과 함께 일정을 시작했다. 조선족 장학재단 측에서도 나름대로 정성스레 환영 준비를 했다. 나는 그렇게 장학생들과 윤동주, 김약연, 송몽

규, 이상설의 유적지를 같이 돌면서 민족이란 무엇이고 우리가 누구인지를 나누었다. 명동에 있는 교회 마루에 앉아 윤동주의 십자가라는 시를 학생들에게 읽어 주었다. 그리고 용정고급중학교 교장 선생님의 안내를 받으며 시작한 윤동주 음악회도 감동이었다. 용정고급중학교 농악부와 우리 장학생들이 어우러져 윤동주를 주제로 행복한 시간을 잠시 가진 것이다. 마지막 일정으로 나는 서울의 북적거리는 여느 골목처럼 변한 용정의 한 음식점에서 젊은 장학생들에게 고기를 배불리 먹였다. 모든 일정을 마치고 그들에게 내 사랑과 감사의 마음을 전했다.

"이제는 여러분이 자신들의 삶을 스스로 개척해 나가기를 소망합니다. 여러분과 오랫동안 함께한 것은 제 인생의 큰 기쁨이었습니다."

멋있게 눈 내리는 하버드대학 기숙사에서 찰스강을 바라보며 크리스마스 시즌에 1기 장학생 선발서류를 읽던 때가 엊그제 같은데, 14년의 세월이 그렇게 흘렀다. 어떤 일에서나 시작할 때 느낀 가슴 벅참과 감격이 떠나갈 때도 느껴지는 것은 열심히 즐겁게 일해왔다는 것을 뜻한다. 참 가슴 벅찬 연변 방문이었다.

(3) 분당중앙교회 인재양성원

큰 교회 하는 내 친구 한번 찾아가 보지

1997년 신학대학원을 졸업하고, 7월에 미국으로 출국하기 전까지 그렇게 중국과 북한 관련 일로 바쁜 나날을 보냈다. 거기에 총신대학교에서 새로 시작한 총신대 미국 RTS(Reformed Theological Seminary) 목회학 박사과정의 간사 일을 맡고 있었다. 총신대학교에서 처음 시도한 해외 신학기관과 연계한 목회학 박사과정이었기에 당시 총신 교단의 내로라 하는 목사들이 제1기 박사과정 학생으로 참여했다. 나는 학생들의 수업 뒷바라지와 기말논문을 영어로 작성해 제출하는 일을 도왔다.

40여 명의 1기 박사과정 학생 중에 분당중앙교회 최종천 목사가 있었다. 나는 그가 제출한 논문을 통해 분당중앙교회 성장 이야기를 처음 접했다. 그런데 어느 날 나를 사랑해 주시고 관심을 두시던 박사과정 목사 한 분이 대뜸 물었다.

"김 전도사는 하버드대학에서 공부할 돈은 준비되어 있나?"

생각해 보니 현장에 눈이 멀어 달려오다 보니, 내 호주머니 상황은 말이 아니었다. 하지만 그런 상황쯤은 무시할 수 있는 객기가 아직은 남아 있던 나이였다.

"아이고, 목사님 다 아시면서요. 좀 난감하긴 합니다."

"그럼, 내 친구가 목회를 크게 하는데 연결해 줄 테니 이력서 들고 한번 찾아가 보지."

그분이 소개해준 교회가 바로 분당중앙교회였다. 나는 미국 학교에 제출한 이력서와 학업 계획서를 한글로 정리해 손에 들고 약속 시각에 맞추어 교회를 찾았다. 한참이나 이야기를 듣던 최종천 목사는 웃음기도 별로 없이 말했다.

"전도사님, 우리 교회가 월 30만 원씩 지원해 드릴게요."

나는 감사하다고 인사를 하고 나왔다. 그리고 그 다음달부터 내 통장에 장학금 명목으로 후원금이 들어왔다.

하버드대학에서 같이 보낸 6개월

하지만 유학 첫 학기 바쁜 일정을 핑계로 분당중앙교회 후원에 별로 신경을 쓰지 못했다. 공부와 함께 아직은 보스턴 지역의 두레공동체 일로 더 바빴기 때문이다. 그런데 시간이 한참 흘러 내가 유학 온 지 일 년 반이 지난 1998년 12월 기말고사와 박사과정 진학으로 바쁜 상황에 한국에서 전화가 왔다.

"나 최종천 목사입니다."

그동안 매달 장학금만 받아왔지 사실 서로 교분이 깊은 것은 아니었다. 전화한 이유는 자신이 다음 해인 1999년에 안식년을 보낼 곳을 찾고 있는데 어디로 가면 좋겠냐고 물었다. '많고 많은 안식년 장소를 굳이 내게 묻지 않아도 될 텐데'라고 생각하면서도 나는 대답했다.

"다른 곳도 좋지만, 내가 지내보니 세계적인 학생들이 모이는 보스턴에 잠시라도 있어 보는 것은 어떨까요?"

한참이나 계속된 이야기를 마칠 무렵, 최종천 목사는 하버드 동네에서 6개월간 지내고 싶으니 자신이 거할 집을 알아봐 달라고 부탁했다. 나는 선배와 동료들의 도움을 받아 하버드 인문대학, 일명 야드(Yard) 바로 옆에 방 하나를 임대했다. 그렇게 해서 우리는 6개월 동안 가까이서 많은 시간을 함께했다. 특히 커피를 좋아한 우리는 하버드신학대학 앞쪽에 있는 브로드웨이 가의 스타벅스에서 커피를 마시며 여러 생각을 나누고 토론을 했다.

최종천 목사는 사람에 대한 정이 많았다. 절제된 말을 사용하고 짧은 경구를 좋아했으며, 시적인 표현을 즐겼다. 어떤 면에서 보면 냉철한 문학소년 같았다. 그런 모습은 매주 발행하는 분당중앙교회 주보 첫 면의 담임목사 칼럼만 보아도 잘 드러난다. 외적으로 강인하고 차갑게 보였지만 맘은 따뜻하고 여렸다. 물론 늘 좋은 이야기만 있었던 것은 아니다. 둘 다 젊은 시절에 각자의 주장 역시 강했기 때문이다. 스타벅스에서의 우리의 논쟁이 과했다 싶으면 그는 다음 날 아침 내게 먼저 전화를 했다. 그리고 이렇게 안부를 묻곤 했다.

"재현아, 어제 일로 형도 잠을 잘 자지 못했는데, 잠 잘 잤니?"

약간의 부담감과 즐거움을 갖고 같이 지낸 6개월이 훌쩍 지나갔다. 그리고 우리 두 사람은 각자 다음 단계로 이동할 시간이 되었다. 서로가 이제 제법 친해졌고 최종천 목사는 내 이름을 부를 정도로 스스럼이 없어졌다. 나는 그때 내가 생각하던 소망을 조심스럽게 말했다.

"형님, 교회가 크고 힘이 있을 때 보수 교회가 한국 교회의 미래를 이끌 사람을 키우는 일을 한번 해 보면 좋겠습니다."

사람.

누군가는 사람이라는 말만 들어도 눈물이 난다고 했다. 나 역시 한국 교회의 희망은 사람에 있다고 강하게 믿고 있었다. 하지만 교회가 크건 작건 돈이 남아도는 경우가 얼마나 있겠는가. 사실 한 교회가 막대한 예산을 들여 사람을 키운다는 것은 결코 쉽지 않다. 교회는 교회가 해야 할 기본적인 역할이 있기 때문이다. 최종천 목사는 그 자리에서 답을 하지 않았다. 나도 사실 크게 기대하지 않았지만 내 맘속에 있는 이야기를 하고 싶었던 것이다. 시간이 되어 최종천 목사는 남은 6개월을 조지아주의 애틀랜타에서 가족과 함께 보내려고 떠났고, 나는 박사과정을 시작하러 트럭을 빌려 이삿짐을 싣고 뉴저지 프린스턴으로 내려왔다. 한창 젊

은 나이에 550킬로 거리 남짓 되는 캠브리지에서 프린스턴
까지의 이사 길은 즐거운 여름 나들이길이었다.

200억의 예산을 들여 교회를 지을 것인가,
사람에 투자할 것인가?

내가 프린스턴으로 내려온 지 몇 달이 지난 1999년 9월의
어느 날이었다. 그사이 별다른 연락이 없던 최종천 목사로
부터 늦은 저녁에 전화가 왔다.

"우리 교회가 비도 새고 해서 건물을 새로 지어야 할 시
점인데 대충 계산해 보니 200억쯤 들것 같구나. 그런데 지
금 200억을 들여 건축하는 것보다는 사람에 투자하는 것이
낫지 않을까?"

캠브리지에서 헤어진 후 한참이나 연락이 없더니 대뜸 인
재 양성에 대한 의지를 그렇게 내게 내비쳤다. 여전히 사람
에 미쳐 있던 나는 그 말을 듣고 숨이 먹는 듯했다. 더군다
나 보수적인 교회는 자기 교회의 울타리를 넘어 이런 일을
시도하는 경우가 거의 없었다. 그때만 해도 지금처럼 종교
일반의 교세나 기독교 내부의 교단별 성도 숫자가 눈에 띄
게 줄어드는 상황이 아니었다. 그래서 다음세대에 대한 관
심이 지금보다 덜했다. 더군다나 교회의 미래를 건축과 동
일시하는 풍조가 만연해 있는 상황이었다.

분당중앙교회 인재양성원의 해외신학인재양성프로그램은 1999년 늦가을 내가 프린스턴신학대학 박사과정 첫 학기 때 그렇게 시작되었다. 어찌 보면 나도 최종천 목사가 안식년을 보내는 동안 개인적인 교제를 한 것 외에는 분당중앙교회를 잘 알지 못했다. 다른 말로 하면 나도 분당중앙교회의 외부인이었다. 그래서 먼저 필요한 것이 최종천 목사와 교회의 분위기를 잘 파악해 일을 시작하는 것이었다. 우리는 이후 몇 번씩 장시간 전화통화를 하면서 어떻게 장학사업을 운영할 것인가를 논의했다. 그렇다고 최종천 목사가 세부적인 지침을 내게 자세하게 준 것은 아니었다. 전체적인 의견을 주고 세부적인 선발과 운영 절차는 내게 일임했다. 일을 전적으로 맡긴다는 것은 거룩한 부담감을 주는 것이다. 그래서 나는 더욱 열심히 준비해야 했다.

어느 정도 생각을 모은 다음에 나는 최종천 목사에게 몇 가지를 제안했다.

첫째, 장기적으로 우리 교단만이 아니라 개신교 전체의 미래 신학 인적 자원을 선발한다.

둘째, 단순히 재정 지원만 하는 것을 지양하고 또래 그룹이 만나 고민하고 미래를 계획할 기회, 예를 들어 학술모임이나 수련회를 정기적으로 개최한다.

셋째, 내가 올려드리는 제안에 부정적인 의견을 제시할 경우, 장학재단 일을 그만두라는 신호로 인식한다.

30대 초반에 들어가던 나는 이렇게 제안을 했다. 내용이 다소 당돌해 보였지만 젊은 열정 앞에 두려운 것이 없었고 큰 교회 목사라고 해서 내가 주눅 들지도 않던 시절이었다.

첫째 제안은 내가 두레 시절부터 마음에 세운 원칙이었다. 개신교의 합집합을 넓혀가지 않으면 고질적인 분열과 대립을 줄일 수 없다. 한국 개신교 역사상 언제 보수가 진보까지 아우르는 작업을 해 보았던가. 진보가 잔칫상을 차리면 보수는 오지도 않고 먹지도 않지만, 보수가 상을 차리면 진보는 와서 즐겁게 참여하는 것이 우리 기독교의 현실이다. 상황상 1기는 대한예수교장로회 합동 출신만을 대상으로 했지만, 최종천 목사는 2기부터 좀 더 문호를 개방하더니 4기부터는 성결교와 순복음과 기독교장로회 출신까지 장학생으로 선발했다.

둘째로 나는 사실 정기적인 만남이나 상호 고민이 없는 단순한 장학금 지원을 처음부터 반대했다. 면접할 때 얼굴 한 번 보는 것으로는 서로를 모를 뿐만 아니라, 똑똑한 한 개인보다 집단지성에 희망을 더 품고 있었기 때문이다. 한국 교회처럼 개인주의와 개교회주의가 강한 현실에서 이런 방법이나마 대안이라 생각했다.

세 번째 안은 사실 나의 열정을 담보해달라는 상징적인 신호였고, 무슨 일을 하든지 10년은 담보해 달라는 요청이었다. 어떤 일이든지 10년을 노래해야 문화가 되고 역사가 되기 때문이다. 최종천 목사는 처음부터 내게 구체적인 지침을 주는 성향이 아니었다. 더군다나 내 성격을 상당 부분 파악한 상황이라 온전히 믿고 맡겨주었다. 그렇다고 서로가 방심하지는 않았다. 가장 가까운 사람일수록 매사에 엄격해야 한다는 규칙을 서로 지켰기 때문이다. 거기에 큰 틀에서 동의하면 작은 부분들은 믿고 맡겨주는 것, 그것이 좋은 리더십의 또 다른 모습이었다. 믿고 맡겨준다는 것은 보이지 않지만 그만큼 큰 책임감을 요구하기 때문이다.

이렇게 하여 200억을 들여 건축하는 대신 한국 기독교 전체를 위한 사람 건축을 시작하게 되었다.

1기 장학생 수련회

2000년 1월 분당중앙교회에서 3박 4일간 수련회를 하면서 1기 해외 신학자원 인재 양성이 공식적으로 출범했다. 10년 동안 기수별로 20~30여 명을 선발해 2년 단위로 운영했다. 그리고 점차 신학 전반과 한국 교회에 도움이 될만한 몇몇 외국인까지 선발했다. 장학생들이 1년에 한 번 전체가 모여

얼굴을 보고 자신의 연구 영역을 나누는 수련회를 했다. 선발된 첫해에는 한국의 분당중앙교회에서, 2년째는 해외에서 한곳을 정해 수련회를 가졌다. 그리고 국내 수련회의 경우 장학생들의 비행깃값 전체를 지원했고, 해외의 경우 교통비의 절반 정도와 행사비 전체를 지원했다. 우리는 10년 동안 단순 누적 130여 명의 장학생을 선발했고, 그들 중 100명이 훌쩍 넘는 사람들이 국내외에서 신학 관련 기관의 교수와 목회자로 활동하고 있다.

장학생이 새로운 기수를 시작하는 첫해 1월에는 한국에 들어와 분당중앙교회에서 주일을 끼고 보통 3박 4일간의 수련회를 했다. 장학생들은 모여서 미리 준비한 주제와 자료로 토론을 하고 최종천 목사의 이야기도 듣고 맛있는 식사도 하고 사우나도 같이하면서 서로 간의 우애와 꿈을 나눴다.

주일날에 장학생들은 1부에서 4부 예배까지 참석해 성도들에게 인사를 드렸다. 같은 예배를 4번이나 드리는 것이 체력적으로 부담되기도 했지만, 2년간 지원하고 기도해 주는 성도들에게 얼굴을 보고 인사를 드리는 것이 중요하다는 생각에 모두가 적극적으로 임했다. 담임목사의 의도가 아무리 좋더라도 성도들, 특히 교회의 리더십이 동의하지 않거나 불만을 제기하면 이러한 일은 지속할 수 없다. 더군다나 장학 운영 전반을 맡고 있던 나마저도 성도들에게는 생소한 외부인이 아니던가.

고마웠다. 분당중앙교회 성도들이 이런 일의 중요성을 인식하고 적극적으로 응원해 준 것은 참 감사했다. 분당 지역 전체 교회 중 1호 개척교회였던 분당중앙교회는 한때는 주일 출석 인원이 7천 명에 이를 정도로 성장했다. 출석 교인 숫자에 비해 건물은 좁았고 제대로 된 주차장도 없었다. 인근 건물 몇 층을 빌려 교육관으로 사용했지만 주일이면 비좁디 좁았다. 하지만 교회에 대한 성도들의 자부심이 대단했고 모두 열심이었다. 한번은 장마철에 교회를 찾아 예배를 드릴 기회가 있었다. 그날따라 비가 심하게 내렸다. 본당 한쪽에서 정말 비가 뚝뚝 아래로 떨어지고 있었고 양동이 하나가 그 물을 받아내고 있었다. 가만히 보니 교회 건축을 했어야 할 상황이었다. 그때 나는 최종천 목사의 말을 떠올렸다.

'200억을 들여서 예배당을 건축하는 것보다 사람을 키우는 것이 가치 있지 않을까?'

사람을 키워 세상을 바꾸자

분당중앙교회 이전 예배당의 입구 한쪽에는 커다란 통 바위에 교회의 목표가 적혀있었다.

하나, 역사와 사회를 의식하는 교회

둘, 인물을 키워 세상을 변화시키는 교회

셋, 성도들의 영적 건강을 책임지는 교회

보수적인 합동 출신 목사, 총신대학 출신의 목사가 가슴을 뻥 뚫리게 해주는 이런 시원한 목표를 교회 설립 시절부터 지녔다는 데 가슴이 벅찼다. 그 말대로, 최종천 목사가 늘 강조했듯이 끝까지, 끝까지 살아갈 수만 있다면 얼마나 좋은 일인가.

최종천 목사와 분당중앙교회는 내가 10년 동안 해외 인재 양성에 전념할 수 있도록 많은 것을 배려해 주었다. 그는 스스로 노동 집약형 목사라고 입버릇처럼 이야기했다. 하지만 개척 초기부터 지닌 꿈이 다음세대 신학자들을 통해 한국 교회에 조금이라도 더 기여하기를 바랐다. 꿈의 진정한 가치는 본인이 이루지 못하더라도 본인이 믿고 기대하는 누군가가 대신 이루어주는 데 있다. 사람의 꿈은 다음세대의 선구자와 함께 이루는 합주곡이 되는 경우가 많다. 분당중앙교회와 최종천 목사의 그런 소망을 구체적으로 채워나가야 하는 몫이 내가 박사과정 첫 학기부터 풀어야 할 과제였다.

해외 유학 장학생 선발

프린스턴신학대학에서 박사과정을 하는 동안 나는 세 번에 걸쳐 장학생들을 선발했다. 즐겁고 의미 있는 일이었지만 만만치 않은 박사과정 공부와 함께 늘 분주한 시간을 보내야 했다. 선발과 운영에 대한 자질구레한 일을 처리할 스텝도 없었고, 나 자신이 빡빡한 박사과정을 하고 있었고, 무엇보다 연간 2억 원 전후를 장학금을 후원하는 교회와 성도들에게 좋은 결과를 보여줘야겠다는 부담감이 있었다. 거기에 나는 개인적으로 먹고살면서 가족을 돌봐야 했다.

장학프로그램을 운영하는 것 중에 가장 중요한 것은 선발 과정이다. 모든 일에 가장 핵심적인 항목은 바로 사람이기 때문이다. 시작이 반이란 말이 있듯이, 좋은 사람을 뽑아놓으면 장학재단 일의 절반이 넘는 부분을 마친 것이나 다름없다. 최종천 목사가 안식년을 마치고 교회에 복귀하는 시점에 맞추어 시행된 1기 선발은 총신대학교 신대원 출신 해외 유학생 중에서만 선발했다. 서류만으로는 사람을 파악하는데 한계가 있었지만, 내가 다닌 신학교 출신 중에서 필요한 인원을 선발하는 데는 큰 어려움이 없었다. 이 과정에 당시 네덜란드에서 공부하던 정창욱 목사가 큰 도움을 주었다.

2기부터는 직접 얼굴을 보고 잠시라도 이야기를 나눠보고 선발하는 것이 좋겠다는 생각이 들었다. 하지만 장학생

신청자들이 워낙 광범위한 지역에 있다 보니 선발 과정에 미국과 유럽을 일시에 순회하는 것은 현실적으로 불가능했다. 그렇지만 이런 원칙을 정하니 기회가 있을 때마다 사람들을 만나는 것이 도움이 되었다. 그런 마음의 결정이 평상시에도 헤드 헌팅의 정신을 갖게 했다.

행복이 성적순이 아니듯이, 목회나 신학이 실력만으로 좌우되지 않는다. 한국과 중국에서의 경험을 통해 나는 성적이 좋거나 좋은 학교에 다니는 것을 장학생의 기준으로 삼지 않았다. 이 점은 한중장학재단부터 시작해 내가 장학프로그램을 운영할 때마다 우선적으로 중요하게 생각한 요소였다. 그래서 지금까지 나는 한 번도 성적표를 받아본 적이 없다.

사람을 선발하는데 가장 중요한 것은 개인이 어떤 생각과 삶과 신앙의 자세를 갖고 있느냐이다. 개인의 기본적인 지향점이 우리가 지향하는 장학프로그램과 맞는지도 중요하다. 20대 후반에 접어들면 사람이 쉽게 바뀌지 않기 때문이다. 신학대학원에 들어오는 나이의 사람들은 인생의 태도가 이미 굳어진 경우가 많아서, 사람이 잘 바뀌지 않는다. 그래서 사람을 잠시라도 직접 만나보는 것이 중요하다. 나는 면접 과정에서 미국의 경우 몇 개의 권역으로 나누어 하루 이틀 사람들을 만났다.

물론 이런 방법이 최선이 아니라는 점은 알고 있었다. 공부하고 있는 학교에 상관없이 외국대학의 박사과정에 진입한다는 자체가 어느 정도 검증을 거친 것이고, 학위를 받고 한국에서 크게 기여할 것이 분명하기 때문이다. 대면 면접은 얻는 것 못지않게 잃는 것도 생긴다. 이렇게 서로 이야기를 나누고서 선발에서 제외된 경우 기분이 좋을 리가 없기 때문이다. 내가 좀 더 철이 들었더라면 다른 방법을 사용했겠지만, 아쉬운 대로 가능한 직접 면접을 하는 것이 당시 내게 최선이었다.

언젠가 분당중앙교회가 이제는 대부분 교수가 된 장학생 출신을 초대해서 강남의 K 호텔에서 행사를 개최한 적이 있다. 나는 그 자리에서 10년간의 분당중앙교회 해외 인재 양성을 정리하는 발표를 했다. 그 모임이 내가 장학생들을 만난 마지막 공식행사였다. 모임이 끝난 뒤에 다들 최소한 한 마디씩 덕담을 하는 것은 바로 사람에 대한 것이었다.

"김 박사가 장학생들 하나는 잘 뽑았어요."

국내외 수련회와 의제들, 한국인으로서의 신학하는 것

모든 장학프로그램에는 각 프로그램이 지향하는 목적이 있다. 지향하는 목적과 운영 과정이 분명할수록 더 큰 효과를 얻을 수 있다. 특히 개별 교회나 성도들의 후원을 받아 운영하는 경우 재원과 기간에 제한을 느낄 수밖에 없다. 다음세대 양성이 아무리 중요하더라도 의도한 결과를 만들어내기까지 오랜 시간이 걸리고, 후원자들이 장기간 인내심을 갖고 후원하기도 현실적으로 쉽지 않다. 교회에는 안팎으로 도움을 청하는 요구가 항상 많고, 할 일도 많고, 눈앞에 한 가지 한 가지가 시급한 경우가 많기 때문이다.

아무리 큰 장학재단이라도 하고 싶은 일을 다 할 수 없고, 인간이 살아가는데 필요한 모든 인재를 한 기관이 다 배출할 수도 없다. 공교육 기관들과 신학교를 비롯한 전문 학습 기관들이 기본적인 역할을 잘하고 있기에 장학재단의 목표를 과도하게 확대할 필요도 없다. 한 개인이나 교회가 큰 꿈을 품는 것도 좋지만 자신이 할 수 있는 일의 한계를 늘 겸손하게 설정해야 한다. 사회나 관련 기관들이 기본적이고 필수적인 인재 양성을 잘 감당하더라도, 특수목적을 지닌 교회 같은 장학재단이나 프로그램은 언제나 필요하다.

분당중앙교회가 내게 기본적으로 기대한 바는 분당중앙교회가 소속되어 있는 합동 교단, 그리고 한국 교회에 좀 더 양질의 신학 자원과 목회자원을 배출하는 것이었다. 예나 지금이나 사람을 키우고 좋은 성도를 교육시키자는 원론은 쉬워 보인다. 하지만 어떻게, 어떤 지향점을 향해, 어떤 자세를 지니도록 안내할지는 언제나 어렵고 중요한 주제이다. 그래서 나는 교회가 기대한 목표에 두 가지를 더했다.

첫째는 개인적인 단순 장학 지원보다는 신학적 동지 그룹을 만들자.
둘째는 신학의 어떤 분야에서 공부하든지 한국인으로서의 신학함을 고민하도록 하자.

개별적으로 뛰어난 신학 자원을 지원하는 것은 중요하다. 하지만 의식을 공유하고 치열하게 논의하고 고민하는 동지 그룹을 형성하는 것이 한국 교회의 발전에 더없이 중요하다는 것은 두레연구원 시절부터 내가 가져온 신념이었다. 그런 차원에서 장학생들을 대상으로 매년 한 번씩 국내와 국외에서 적지 않은 재정을 들여 수련회를 했다. 식사 한 끼를 같이하면 조금은 더 친밀해지고, 하룻밤이라도 같이 자면 하늘의 별을 세며 공동의 관심사를 더 진지하게 나눌 수 있다. 교단이 다르지만 박사과정 공부의 공통점이 다양한 색깔의 신학 자원들을 그래도 좀 더 친밀하게 연대하고 뭉치게 할 수 있지 않을까. 언젠가 각자의 이익에 따라 파편화된 한국 교회가 조금은 더 하나 되지 않을까. 그래서 장학생들에 대한 일차적인 장학 지원 못지않게 또래 그룹을 형성하고 유지하는 것이 중요하다.

내가 특별히 강조한 것은 한국인으로 신학함에 대한 고민을 장학생들 사이에서 심화시키는 것이었다. 외국에 잠시라도 살다 보면 모두가 애국자가 된다는 말이 있다. 안에서 우리끼리 보는 한국에 대한 이해와 밖에서 보는 모습이 다르다. 그리고 밖에서 한국인의 위상을 좀 더 객관적으로 볼 수 있다. 지금은 한국문화를 중심으로 한 한류 때문에 한국의 위상이 많이 높아졌지만, 신학 부분은 예나 지금이나 가야 할 길이 멀다. 이는 서구신학이 우월해서라기보다는, 우리가 한국 교회의 울타리를 넘어 전 지구적 기독교 담론에 들어갈 자세와 준비를 턱없이 못 했기 때문이다.

분당중앙교회 인재양성원을 통해 나는 한국인의 신학적 정체성과 우리의 기질을 담은 신학적 담론을 형성하고, 한국인의 신학적 정체성을 갖고 세계 기독교의 구성원으로 살아갈 길을 찾기 위한 주제를 장학생들의 정기적인 모임마다 삽입했다. 내가 맡은 기조 강연과 분과별 토론을 통해 장학생들이 그런 고민을 나누도록 기대했다. 사실 선교학이나 교회사의 경우를 제외하고 성서학 등에서 한국인으로 신학하기를 고민하는 것은 결코 쉽지 않다. 하지만 이제는 외세 지향적인 신학 공부를 지양하고, 한민족의 DNA와 김치 냄새나는 신학과 목회를 시도해야 하고, 학위 시절부터 그런 고민을 해야 한다고 생각했다.

해외 인재풀의 동참

장학재단이 어느 정도 틀을 갖추면서, 한국 기독교 연구를 위해 연대할 수 있는 외국인 주니어 학자들을 선발 인원의 10% 내외에서 합류시켰다. 한국 신학의 정체성을 갖추는 것에 더해 한국 기독교가 세계 기독교의 주된 담론에 동등하게 참여하기 위해 젊은 시절부터 한국 기독교의 정서와 특징을 공유하는 외국인 예비 신학자들이 함께하는 것이 중요하다고 생각했다. 그래서 3기부터 5기에 이르기까지 미국과 남미 브라질과 일본과 중국의 학생들을 기수마다 3명 이내에서 선발하고 프로그램에 합류시켰다.

가장 먼저 합류한 사람이 하버드대학에서 구약학으로 박사과정을 하던 랜달 쇼트(Randall Short)였다. 그는 학위를 받은 후 지금까지 일본의 동경기독대학 교수로 있다. 이후에는 그가 추천한 일본인 학생들도 참여했다. 비서구권 예비 학자였던 프린스턴신학대학 출신 라이문도 바레토(Raimund Barreto Jr.)는 브라질 기독교의 탁월한 리더였는데, 지금은 모교인 프린스턴신학대학의 교수로 있다. 이와 함께 한국과 일본과 중국기독교가 연대해 비서구권의 목소리를 내야 한다는 신념에 따라 북경대학과 상해대학의 학생들과 한국 유학생들을 특별히 선발하기도 했다. 이들과 중국 곳곳에 자리한 내 유학 시절 학교의 동료들이 연대하면 동북아시아권의 신학적 연대가 훨씬 더 나아지리라 생각했다. 교회는 이러한 방대한 구상을 흔쾌히 받아주었다.

중도에 꺾인 사비에르 벨트 프로젝트

교회의 이런 배려는 장기적으로 내가 키아츠를 통해 연구 구조와 토대를 놓는데 매우 유용했다. 분당중앙교회의 배려는 사비에르 벨트(Xavier Belt) 프로젝트로 발전되었다. 프란시스 사비에르(Francis Xavier, 1506~1552)는 로욜라와 함께 예수회를 시작한 핵심 지도자 7명 중의 한 명이었다. 그는 선교적인 의식을 갖고 인도의 고아에서 시작해, 말레이시아, 일본에 복음을 전했고, 중국선교를 향해 가던 중에 사고로 삶을 마감했다. 그가 아시아 선교에 열정적으로 몰입한 시간은 길지 않았지만 그가 남긴 영적 유산과 영향력은 대단했다.

나는 사비에르가 아시아에서 걸어온 길을 역순으로 되돌아가면서 아시아 기독교의 정체성을 공유해나가는 것이 아시아 기독교가 세계 기독교와 함께 21세기 신학을 이끌어갈 좋은 방안이라고 생각했다. 중국과 일본과 인도의 방대한 경제력과 인구에 한국의 신앙적 열정이 더해진다면, 글로벌 기독교의 새로운 모델 하나를 만들어낼 수 있다고 믿었다.

그리고 아시아에서 비교적 기독교 강국인 한국이 그 중심 역할을 하기를 기대했다. 이런 부푼 꿈을 안고 우리는 북경 대학과 상해대학 등 여러 기관과 세미나를 여는 등 실험을 몇 년에 걸쳐 하기도 했다. 하지만 키아츠 같은 신생 기관이 그런 일을 하기엔 너무 벅찼다. 현실적인 이유로 어느 선에서 프로젝트를 접어야 했지만, 우리의 후배들이 그런 꿈을 살려주기를 지금도 고대하고 있다. 선배의 실패가 후배의 튼실한 발판이 될 것을 지금도 믿기 때문이다.

세계 신학기관들 편력과 공동세미나

유학 시절 장학프로그램을 운영하는 동안 나는 여느 장학생처럼 동일한 장학금을 매달 받았지만, 진행 경비 외에 별다른 지원금을 더 받지 않았다. 하지만 장학재단은 내게 돈으로 환산할 수 없는 기회를 주었다. 장학생을 선발하는 과정과 해외에서의 정기적인 모임은 내가 전 세계를 다니며 사람들을 만나고 꿈을 꿀 기회를 주었다. 나는 북미와 유럽을 방문할 때마다 장학생들이 공부하고 있는 학교와 연구소와 교수들을 방문할 기회를 만들었다. 특히 한국에 들어온 후에는 키아츠 원장과 장학재단의 책임자로 외국 교수들과 기관들을 만나면서 폭넓은 대화를 했다.

그리고 장학생들과 함께 해외 대학과 연구기관들과 더불

어 공동의 관심사를 주제로 세미나를 개최하기도 했다. 영국의 버밍햄대학과는 아시아 기독교를 주제로 세미나를 개최했다. 프랑스의 명성 있는 스트라스부르대학과는 70인경을 중심으로 다소 전문적인 세미나를 열기도 했다. 전문학자들도 어려워하는 주제지만, 그곳에서 공부하고 있던 우상혁 목사의 수고로 세미나를 그곳 교수들과 함께 준비했다. 키아츠와 오랜 우정을 쌓아온 이 분야의 전문가 레이던대학의 무라오카(Muraoka) 교수도 함께 참여해 논문을 발표해 주었다. 우리는 스트라스부르 학자들로부터 배운다는 자세로 격의 없는 발표와 토론과 질문의 시간을 가졌다.

2005년에는 장학생들과 함께 내 모교 하버드대학에서 세미나를 개최했다. 아시아 신학과 글로벌 신학의 과제를 논의한 이 세미나는 하버드대학 신학대학의 Center for the Study of World Religions의 협조를 받아 진행했다. 그리고 내게 늘 힘이 되어주신 하비 콕스(Harvey Cox)와 킨질리(Beverley Kienzle) 교수가 온종일 시간을 내어 토론에 참여해 주었고, 미국에 있는 나의 여러 동료도 함께 참여했다.

이런 작업은 사실 분당중앙교회 인재양성원의 도움이 없이는 불가능했을 것이다. 이런 경험은 이후 내가 키아츠의 학술연구사역을 하는데 더 큰 시각을 갖게 해 주었다. 어쩌면 분당중앙교회 장학프로그램을 통해 가장 큰 도움을 입은 사람은 나였을 것이다. 그리고 2년씩 지속되는 장학생들이 5기에 이르기까지 선발과 운영 과정을 책임지고, 10년이 되는 즈음에 나는 뒤로 물러났다. 그 10년의 세월은 평생 다시 오지 않을 값진 기회였다.

나의 한계와 아쉬움

분당중앙교회 인재양성원의 해외 인재 양성 프로그램은 그렇게 10년에 걸쳐 진행되었다. 교회는 최종천 담임목사가 사람을 키우는 일을 믿고 적극적으로 지원했고, 그런 최종천 목사는 나를 믿고 운영에 관한 거의 모든 사항을 위임했다. 그런 지지와 신뢰에 힘입어 나는 30대에 인재 양성에 대한 다양한 실험을 진행할 수 있었다. 그런데도 되돌아보면 몇 가지 아쉬움이 있다.

첫째, 장학생 개개인을 좀 더 이해하고 사랑하고 지지해주었어야 했다. 젊은 시절 나는 목적 지향적이고 결과 지향적인 사람이었다. 사람을 키우는 일에 가장 필요한 개개인에 대한 관심을 충분히 기울이지 못했다. 무엇인가 목표한 바를 성취하는데 더 경도되어 있었다. 목적 의식이 사람보다 우선하지 못한다는 사실을 한참 후에야 깨달았다.

둘째, 1기 장학생의 경우 대부분이 총신대학교 신대원의 선배들을 대상으로 하고 있어서, 기수를 무시할 수 없는 상황이 나를 힘들게 하기도 했다. 보수 교단들이 사람을 키우는 일을 워낙 하지 않다 보니, 장학금 지원 자체를 분당중앙교회가 혹시 세력을 키우려는 것은 아닌지 의심하는 경우도 있었다. 그래도 시간이 지나 교회의 인물 양성의 진정성은 안팎으로 넓게 공유되었다. 2기와 3기 장학생의 경우 나의 동년배들이 많았고, 4기와 5기는 후배들이 많았다. 어쩌면 내가 너무 이른 나이에 몸에 맞지 않는 큰일을 한 것이 내게는 개인적으로 두고두고 부담이었다. 특히 한국처럼 나이와 선배의 힘이 큰 사회에서는 말이다.

셋째, 10년 동안 거쳐 간 장학생들과 함께 우리의 활동이나 생각을 담은 책을 냈으면 더 유익했을 것이라는 생각이 든다. 국내외 수련회 때마다 두툼한 자료집을 냈고 장학생 간에 학문적 소통은 나름 잘 되었다. 그런데 10년간 믿고 따라준 교회 성도들과 함께 나눌만한 결과물은 장학재단 차원에서 제대로 만들지 못했다. 물론 시도를 하지 않은 것은 아니다. 2년에 걸쳐 동료들과 나의 유학 생활을 주제로 책을 구상한 적이 있었다. 하지만 내 능력의 부족과 키아츠에 전념해야 하는 상황에서 결과를 맺지 못했다. 대신 장학생 중 대다수가 학교에 교수나 교회 담임목사로 자리를 잡으면서 좋은 결과물로 나타났다고 개인적으로 믿고 있다.

(4) 스코필드장학문화사업단

화성시기독교총연합회 3·1운동기념사업단

2012년부터 나는 한국에 들어와 활동했던 외국 선교사 중에
중요 인물들이 남긴 1차 문헌과 관련 자료를 한글과 영어
로 편찬하는 작업을 진행해 왔다. 한국 개신교는 19세기 후
반 외국 선교사가 본격적으로 들어오기 전부터 한국인들 스
스로 신앙을 고백하고 신앙공동체를 형성했다. 하지만 한국
에 온 외국 선교사들은 개화와 독립을 강조한 19세기 말부
터 일제강점기와 해방 전후의 시기까지 중요한 역할을 감당
했다. 그래서 나는 출신 교단이나 국적과 상관없이 한국 교
회와 사회에 기여한 인물들을 '선교사 시리즈'로 엮어 한글
과 영어로 출간하기 시작했다.

첫 번째 책은 존 번연의 『천로역정』을 1895년 한국어로
번역했던 제임스 게일(James S. Gale, 1863~1937)의 작품이었다.
두 권으로 나온 게일에 관한 책은 내가 캐나다의 토론토영
락교회에서 사경회를 하고 재정을 지원받아 출간했다. 서양
의 좋은 책들을 우리말로 번역하고 조선 시대 민담과 설화
뿐만 아니라 구운몽과 춘향전 같은 작품을 영어로 번역해서
한국의 문학과 문화를 세계에 알린 제임스 게일을 나는 한
국의 마테오 리치라 부른다.

선교사 시리즈의 일환으로 2014년에는 한국의 3·1만세운동을 세계에 알린 프랭크 윌리엄 스코필드(Frank William Schofield, 1889~1970)의 작품선집을 준비했다. 이 작업은 3·1운동 때 일본인의 학살과 잔인함을 가장 상징적으로 보여주는 제암리교회가 위치한 화성지역 교회의 도움을 받았다. 특히 이전부터 뜻이 맞아 연대하던 화성은혜의동산교회 이규현 목사와 이명식 목사, 김두주 목사는 기독교연합회 내에 3·1운동기념사업단을 만들고 함께 수고했다. 우리는 의기투합해 스코필드의 원전을 모아 작품선집을 한글과 영어로 출간하고 이를 학습만화로까지 만들었다. 화성의 3·1만세운동과 기독교인들의 역할을 화성시민들뿐만 아니라 한국 사회에 알리기 위해 다양한 행사를 같이 진행하기도 했다.

내가 정운찬 전 서울대 총장을 만난 것도 이 무렵이었다. 화성시 기독교 단체와 책에 대한 1차 작업을 마칠 무렵, 나는 스코필드의 이야기 가운데 정운찬 총장이 빈번하게 언급되는 점을 발견했다. 내가 서울대학교 학생 시절이던 1986년 당시 정운찬 총장은 평교수로서 교수협의회를 통해 대통령 직선을 요구하는 민주화운동을 주도한 인물로 알려져 있었다. 도대체 스코필드와 정운찬 총장의 관계가 무엇일까? 내가 그분을 개인적으로 직접 뵌 적은 없지만 이런 작업을 하고 있다는 것을 알릴 필요는 있었다. 그래서 동반성장연구소의 사무실로 전화를 해서 면담 신청을 했다.

스코필드가 키운 사람, 정운찬

"김 박사님, 스코필드 관련된 일이라면 언제든지 편하게 내게 이야기하세요."

2014년 가을이었다. 나는 관악구청 부근에 있는 건물 9층에 있는 사무실을 찾아 정운찬 총장께 인사를 드렸다. 그분은 늘 분주해 보였다. 그런데 처음 뵙는데도 한 시간이 넘도록 자신에게 아버지 같았고 멘토였던 스코필드 할아버지의 이야기를 입가에 미소를 연신 머금은 채 줄줄 풀어놓으셨다. 재정적 이유로 학업을 포기할 뻔한 중학교 입학 시절에 스코필드 할아버지의 도움으로 공부를 포기하지 않았다는 것, 그분을 통해 배운 삶의 원칙이 무엇인지, 대학을 졸업할 때까지 얼마나 많은 도움을 받았는지를 그 짧은 시간에 나누어 주셨다. 본인은 이미 수십 수백 번 같은 이야기를 반복했겠지만, 처음 만난 나에게 마치 처음 이야기하는 듯 진지하게 말씀하셨다. 먼발치에서만 알아 왔던 정운찬 총장이 얼마나 열정적이고 진지하게 스코필드 이야기를 하는지 나도 적지 않게 놀랐다. 나는 귀한 시간을 내어주셔서 고맙다는 이야기를 드리고 자리를 뜨려고 했다.

"연말에 캐나다 대사관에서 열릴 이사회에 와서 스코필드 이야기를 좀 해주실 수 있나요?"

그런데 예기치 못한 초대를 받고 머뭇거렸다.

'아니, 스코필드 할아버지에게서 직접 배운 여러분들이 이사진으로 있다는데, 그분들 앞에서 내가 무슨 말을 할 수 있을까?'

그렇게 해서 그해 연말 캐나다 대사관에서 호랑이스코필드기념사업회와 처음 공식적인 인사를 나누었다. 모임을 마친 후, 정운찬 총장은 내가 기념사업회와 함께 좀 더 밀접하게 일해 달라고 요청하셨다. 마침 그로부터 2년 후인 2016년이 스코필드 박사가 젊은 시절 교수 선교사로 한국에 입국한 지 100주년이 되는 해였다. 1년 정도 잘 준비한다면 스코필드의 내한 100주년을 의미 있게 보낼 수 있다는 생각이 서로 들었다. 그 몇 달간의 만남이 이후 10년 동안 스코필드 관련 일로 분주하게 된 출발점이었다.

누구나 젊어서 누군가의 도움을 받을 수 있다. 하지만 그런 은혜에 평생에 걸쳐 감사하기는 결코 쉽지 않다. 스코필드와 관련해 정운찬 총리는 그랬다. 서울대학교의 총장 시절에도, 국가 운영에 중요한 책임을 맡은 국무총리 시절에도, 나이 지긋한 지금도 정운찬 총장이 스코필드 관련 일에 보여주신 한결같은 열심은 참 인상적이었다. 내가 함께한 10여 년은 정운찬 총장의 열정이 없었으면 불가능했다. 그

분과 함께 묵묵히 힘든 일을 잘 감당해온 이항 서울대 수의
과대학 명예교수의 헌신과 겸손한 섬김, 뜻있는 여러 이사
의 열심이 없었어도 역시 불가능했을 것이다. 두 분과 여러
이사가 수고해 온 것에 나는 어쩌면 숟가락만 얹었던 형국
이었다.

스코필드 할아버지처럼, 스코필드장학문화사업단

2016년 스코필드 박사 내한 100주년을 앞두고 2015년부터
정말 바빴다. 정운찬 총장은 기념사업회의 회장을 직접 다
시 맡아 이항 교수와 내가 일을 하는데 울타리가 되어 주셨
다. 아모레 퍼시픽의 서경배 회장은 회사의 문화재단을 통
해 스코필드 내한 100주년 연구사업에 1억 원을 기증해 주
었다. 나는 이 재정을 활용해 그간 숙원사업으로 남아 있던
스코필드 박사의 친필 원고를 영국 고문서상으로부터 사들
여 한국에 들여왔다. 이를 기념해 서울 프레스센터에서 열
린 기자회견을 통해 스코필드 박사의 중요성을 다시 한번
한국 사회와 나누었다. 그리고 스코필드 박사가 남긴 주요
문서들을 한글과 영어로 출간했다.

　스코필드 박사가 한국에 온 지 100주년이 되던 2016년에
우리는 영국, 캐나다, 미국 등지를 돌면서 스코필드 박사를
기념하고 알렸다. 캐나다 정부의 배려로 스코필드 박사가

공부하고 가르쳤던 구엘프대학(Guelph University)에서 그를 캐나다 국가 차원의 인물로 기념하는 기념판 헌정식을 했고, 토론토 동물원 안에 오래전부터 자리한 스코필드 동상에서 기념식을 했고, 미국에서 열린 한인세계선교대회(KWMC)에 정운찬 총리가 직접 방문해 특별강연을 하기도 했다. 캐나다 정부와 한국 정부와 협력해 토론토동물원에 스코필드 동상을 세운 것도 사실 정운찬 총장의 수고 때문이었다. 캐나다 연방의장과 상원의장을 비롯한 수많은 사람이 한국에서 열린 스코필드 기념행사에 참여했고, 우리는 서울역사박물관, 서울시청, 화성시, 부산시청에서 특별전시를 개최했다. 나는 정운찬 총리와 함께 스코필드의 박애 정신과 헌신하는 삶, 특히 10대 청소년들에 대한 스코필드의 열정을 나누기 위해 전국을 돌아다니며 토크콘서트를 진행했다. 이런 일이 계기가 되어 몇 년 후에는 서울시장의 배려로 서대문구 돈의문박물관마을에 스코필드기념관이 자리 잡게 되었다. 수만 명의 방문객이 매년 다녀간다.

참 분주하게 지내던 2016년 초여름이었다. 나는 정운찬 총장을 모시고 울산시가 후원하는 청소년 토크쇼를 다녀왔다. 500여 명의 중고등학교 학생들을 대상으로 정운찬 총장의 강연과 토론 일정을 마치고 울산역에서 서울행 KTX 열차를 기다리고 있었다. 여러 일을 같이 진행했지만 그분은 내게 여전히 어려운 분이었다. 기차 시간이 한참이나 남아서 철로길 의자에 앉아 기다리다 내가 입을 열었다.

"회장님, 우리도 스코필드 할아버지처럼 중고등학생들에게 장학사업을 통해 꿈과 희망을 심어주면 어떨까요?"

기념사업회에서는 그분을 회장님이라 불렀다. 스코필드 내한 100주년을 행사로만 채우는 것은 어딘지 아쉬웠기 때문이다. 이렇게 말씀을 드리고 내가 늘 관심을 갖고 있던 사람을 키우는 일에 대해 말씀드렸다. 그때가 마침 정운찬 총장이 나이 69에 이르렀을 때이다. 스코필드 박사가 세계적인 수의학자로 입지를 굳히고 은퇴 후에 한국에 들어와 한국에서 노년을 보내겠다고 하면서 10대의 젊은 중고등학교 학생들에게 성경을 가르치고 인생을 가르치기 시작한 것이 그의 나이 69세였다. 그래서 오랫동안 교육자로 살아오신 정운찬 총장이 스코필드 할아버지처럼 중고등학생들을 키우는 것이 좋겠다는 생각이 들었다. 스코필드 박사의 삶은 예나 지금이나 많은 사람, 특히 청소년들에게 여전히 유효할 것이라는 확신도 들었다. 정운찬 총장이야 나보다 일선에서 훨씬 더 많고 큰일을 해 보셨기 때문에 내가 무슨 말을 하는지 금방 파악하셨다.

"좋은 생각입니다. 한번 기획해 보세요."

스코필드장학문화사업은 이렇게 시작해서 2023년까지

만 7년이 지속되었다. 사실 지난 10년간 정운찬 총장은 내가 제안한 일에 대해 한 번도 'No'라고 답하신 적이 없었다. 실무진의 헌신적 노력에 'No'라고 말하지 않는 것도 인재 양성에 중요한 항목이다. 스텝과 책임자들을 믿고 신뢰하는 것이 장학프로그램에 중요한 덕목 중의 하나이기 때문이다. 전반적으로 믿을만하니 그렇게 중요한 일을 맡기는 것이지만, 현실에서 그런 서로 간의 예를 지키는 것은 결코 쉽지 않다.

스코필드장학생 운영 방법

2016년 스코필드 박사 내한 100주년을 맞이해 우리는 '70대 스코필드 할아버지처럼' 10대를 키운다는 목표를 정했다. 그리고 선발과 운영에 대한 세부적인 규칙을 하나둘씩 정해 나갔다. 장학생이란 단어가 의미하듯, 사람을 모으면 재정적으로 지원해야 한다. 더군다나 요즘은 예전보다 정부나 기업에서 운영하는 장학프로그램이 많아서 나름의 차별성을 갖는 것도 중요했다.

스코필드 박사를 보통 '34번째 민족대표'라 부른다. 1919년 3·1운동 선언서에 서명한 민족대표가 33명이었는데, 3·1만세운동의 기록자와 홍보자 역할을 했던 스코필드를 34번째 민족대표로 부르기에 충분했기 때문이다. 그래서 우리는 기수마다 상징적으로 34명을 선발하기로 했다. 대상은 중학교 1학년부터 고등학교 2학년까지로 정했다. 스코필드 할아버지가 중고등학교 학생들에게 성경과 영어를 가르친 것을 고려해서였다. 고3은 현실적으로 정규 모임에 나오기 쉽지 않기 때문에 제외했다. 요즘은 고등학생만 되어도 이런 일로 정기적으로 모이기가 힘들어서 6기와 7기는 기본적으로 중학교 학생들만을 대상으로 프로그램을 운영했다.

장학생 선발 직후 여름방학을 이용해 오리엔테이션 수련회를 1박 2일 정도 가졌다. 그리고 2학기 토요일에 하루짜리 아카데미 활동을 3~4회 정도 했다. 장학금은 오리엔테이션을 마친 후에 50만 원, 그리고 연말에 모든 일정을 마친 후에 50만 원을 지급해 한 기수에 개인당 100만 원을 지급했다. 장학생들이 전국에 산재해 있어서 서울까지 오가는 길이 결코 쉬운 일이 아니었다. 그래도 비슷한 목적을 가진 또래 그룹들을 만나 활동하는 것을 모두가 즐겼고 소중하게 여겼다. 학생들의 이동 경로가 멀 경우 장학사업단에서 교통비를 지원했다. 일일 아카데미는 서울대학교 수의과대학과 돈의문 박물관 마을에서 주로 열렸다. 이때에는 스코필드기념사업회 이사회뿐만 아니라 사회 각 분야의 전문가를 모시고 강의를 듣고, 학생들이 관심 가질 만한 자체 활동을 진행했다. 당장 손에 잡힐만한 도움이 되지 않더라도, 인생의 소중한 단계에 접어든 중고등학생들에게 거시적이고 다양한 삶의 이야기들을 때로 접하게 해 주고 싶었다. 이런 다양한 활동은 나중에 「스코필드 라운지」라는 소책자로 정리해 출간했다.

모델, 정신, 현장

요즘 한국의 중고등학교 학생들은 참 바쁘다. 이 바쁜 와중에 재정적으로 크게 지원하지 못하는 상황에서 우리가 무엇을 심고 무엇을 기대할 것인가를 선별해 내는 작업은 늘 중요했다. 우리는 이 과정에서 세 가지를 강조했다.

> 스코필드처럼
> 이 시대를 살아가는 학생들이 지녀야 할 정신
> 삶의 현장과 자신의 영역에서 실천의 중요성

우리에게는 스코필드라는 분명한 롤 모델이 있었다. 젊은 스코필드는 약자에 대한 사랑과 정의, 불의에 저항하는 기개, 자기 전문 분야에서의 탁월성을 강조했고 본인이 그렇게 살았다. 평생을 청빈하게 열정적으로 살았던 그의 삶은 나이와 시대를 불문하고 나누고 따를 가치가 있다. 특히 그는 일제강점기 우리 민족이 좌절과 정말에 빠져 있던 때 우리에게 희망을 심어주었다. 혼자 힘으로 공부하던 어려운 시절 소아마비에 걸려 평생 왼손과 오른쪽 다리는 사용하는 데 어려움을 겪었던 그가, 불편한 몸으로 3·1만세운동 현장을 누비며 사진을 찍고 기록하고 세계적으로 홍보하는데 헌신했다.

맞다. 스코필드 박사는 약자에게는 비둘기 같고 강자에는 호랑이 같았다. 그의 한국 이름, 석호필이 의미하듯, 그는 돌(石, Stone)같이 굳은 의지로 호랑이(虎, Tiger) 같은 기개로 불의에 저항하며 이웃과 사회에 꼭 필요한 알약(藥, Pill)과 같은 존재였다. 그는 일본의 조선 총독과 경찰뿐만 아니라 일본 수상까지 면담하여 일본의 폭정을 면전에서 지적했다. 캐나다에서 교수 시절에는 머리가 뛰어난 한국 젊은이를 유학시키려고 미국 교회를 돌며 후원을 요청하기도 했다. 나중에 한국에서 노년을 보낼 때도 전 세계 지인들에게 한국인 10대들을 위한 후원 요청 편지를 쓰는 것이 그의 주된 일과 중 하나였다. 그러한 삶이 말이나 입으로만 하는 신앙고백보다 100배나 더 본받아 따라갈 가치가 있다. 복음은 말로만 주장하는 것이 아니라 삶으로 답하는 데 생명력이 있기 때문이다. 스코필드의 모습을 통해 예수의 정신과 삶을 조금이라도 알아갈 수 있다면 얼마나 좋을까. 그것이 우리의 꿈이자 바람이었다.

우리가 장학생들에게 무엇을 기대할 수 있을까? 우리는 선발 과정에서 성적표를 따로 받지 않았다. 성적이 인생의 의미를 좌우하지 않기 때문이다. 대신 각자가 처한 상황에서 자신이 누구이고, 무엇을 좋아하고, 무엇을 잘할 수 있는지를 알아가고, 자신의 삶을 주체적으로 살아갈 능력을 키우는 작은 계기가 되기를 기대했다.

세상에는 부유한 사람도 많지만 어려운 사람들도 참 많다. 가난은 나라도 구제할 수 없다고 한다. 우리가 모든 사람에게 도움을 줄 수는 없지만, 단 몇 명에게라도 스코필드와 예수의 이름으로 국밥 한 그릇의 위로는 되어줄 수 있지 않을까. 우리는 매 기수 개인적으로 어려운 상황에 있는 학생들을 일정 부분 선발했다. 또한 북한에서 넘어온 청소년들도 정기적으로 선발했다. 그런 학생들이 희망을 놓지 않고 벌떡 일어설 것을 기도했다. 동시에 기수마다 1년 이상을 같이 지낸 친구들이 뜻을 모으면 세상이 좀 더 밝아질 것이라 기대했다. 천하보다 중요한 개인에게 하나님이 무한한 선물로 주신 책임 있는 삶과 진정한 자유를 누리게 하는 것, 주변과 함께 어울려 살 수 있는 선한 역량을 키우는 것이 무엇보다 중요한 우리의 목표였다. 우리가 그 물꼬를 터주고 물길을 잡아주는 역할을 하기 원했다.

동시에 기회가 있을 때마다 장학생들과 함께 현장을 찾았

다. 홀트아동복지회, 나눔의집, 베이비박스, 칠성전망대, 환
경운동이나 생태 보전의 현장, 국회와 정동의 역사길 등 학
생들이 현장에서 감을 기르고 심장의 박동을 느끼기를 기대
했다. 물론 학교 공부에 억눌린 학생들이 우리가 제공한 몇
몇 프로그램을 통해 짧은 시간에 얼마나 큰 발전과 변화의
가능성을 찾았는지는 모른다. 하지만 우리는 한 개인에게
도전하는 '어느 순간'의 강력한 힘의 가치를 잘 안다. 벼락같
이 마음에 도전을 주는 생각은 때론 인생을 완전히 바꿀 것
이다. 그래서 우리에게 주어진 시간을 스코필드 정신—예수
정신을 기준점으로 삼아 풍성히 채우려고 열심히 노력했다.

두 분의 정 회장님

2016년 시작된 스코필드장학문화사업단은 10년을 기획했지
만 사정상 7년으로 마감해야 했다. 나는 특수한 목적을 가
진 기독교 인재 양성 사업은 1차로 10년이면 족하다고 생각
한다. 한국처럼 빠른 변화를 겪고 있는 사회에서 10년이면
장학프로그램의 초기 의도와 상황이 또 한 번의 점검과 변
화를 필요로 하기 때문이다. 장학재단을 이끄는 사람이나
참여하는 대상들도 10년 단위로 진지한 재조정이 필요하다.

　처음 의도한 10년을 채우지 못했지만, 7년의 기간을 나름
의미 있게 보낼 수 있었던 것은 한국의 정운찬 회장과 캐나

다 밴쿠버의 피터 정 회장의 각별한 호의 덕분이었다. 정운찬 회장은 10대들을 육성하는데 가장 크게 이바지했다. 동시에 이를 가능하게 했던 재정 지원은 캐나다의 교육사업가 피터 정(정문현) 회장의 사랑에 기초했다. 정문현 회장은 아들 조셉을 병으로 천국에 보내면서 하나님의 사랑을 깊이 체험한 후, 코람데오재단을 만들어 전 세계에 도움이 필요한 사람들에게 하나님의 사랑을 나누고 있다. 피터 정 회장은 평소 정운찬 회장과 교류하고 있었고, 나도 밴쿠버 그레이스한인교회에서 박신일 목사의 호의로 설교를 하면서 몇 번 인사를 나누었다. 2016년 스코필드 내한 100주년을 맞이해 장학문화사업을 시작하면서 처음 3년간은 연간 5천만 원씩, 그리고 4년간은 연간 1억 원씩 장학기금을 후원해 주셨다. 캐나다에서 교육사업을 하던 피터 정 회장은 스코필드 기념사업회를 통해 하나님의 나라를 확장하는 데 도움이 되기를 바랐다. 피터 정 회장의 그런 후원은 중고등학생들의 장학 지원뿐만 아니라 스코필드기념사업회가 최근까지 왕성하게 일할 수 있었던 밑거름이었다.

우리는 전도서의 말씀과 같이 우리의 마음과 희망의 떡을 "물 위에" 던졌다(전도서 11:1). 말씀처럼 우리가 "여러 날 후에 도로" 찾지 못해도 섬길 수 있는 기회를 가진 것 자체에 감사한다. 언젠가 우리 장학생들이 자신의 삶에서 스코필드처럼 예수처럼 당차게 살아간다면 지금보다 더 나은 교회와 사회가 되지 않을까. 개인과 사회가 아무리 어렵고 때로 퇴보하는 것처럼 보일지라도, 나는 역사의 진보를 믿는다. 바로 그 희망이 지금의 수고를 가볍게 만들어준다.

제2장

청소년들에게 들려주고픈 이야기

제2장

청소년들에게 들려주고픈 이야기

지난 25년 동안 나는 초중고 학생에서 해외 유학생에 이르는 사람들을 대상으로 인재 양성 사업을 진행해왔다. 장학 프로그램의 성격에 따라 구체적인 목적과 중요성과 의미가 조금씩 달라진다. 장학생들이 어릴수록 잠재력과 가능성에 씨를 뿌리는 반면, 20대 중후반 이상을 대상으로 하는 경우 각자 이미 살아온 것을 중심으로 평가하고 지원할 수밖에 없다. 20대가 넘으면 이미 자기 세계관과 성격이 확립된 경우가 많기 때문이다. 어린 세대에 대한 지원은 뿌려놓고 오랫동안 잊고 있어야 할 정도로 당장 결과를 보기 힘들다. 대신 20~30대에 대한 지원은 몇 년 후면 가시적인 효과를 볼 수 있다는 장점이 있다.

영어 표현에 'The sooner, the better'이라는 말이 있다. 빠를수록 더 좋다는 뜻이다. 인재 양성도 마찬가지다. 가급적 이른 시기부터 넉넉한 시간을 갖고 하면 좋다.

나는 이 장에서 기본적으로 10대들, 즉 청소년들을 마음에 두고 내 경험에 기반해 몇 가지 원칙과 바람을 나누려 한다. 10대 청소년들을 만나는 것은 언제나 즐겁고 가슴 뿌듯하다. 모든 존재는 새싹 시절과 성장하는 시기가 제일 아름답다. 농장에서도 탐스러운 열매를 얻는 것도 뿌듯하지만 푸릇푸릇한 새싹이 훨씬 더한 생명력을 준다. 하물며 각자의 영혼 속에 우주를 하나씩 담고 있는 젊은 청소년은 얼마나 더 생동력 있고 멋진 존재인가. 사람이 나이가 들어갈수록 완숙함과 미덕은 더 깊이 우러나지만, 청소년들의 생기발랄함과 역동성은 저 멀리 사라진다. 나이가 들수록 이 땅에서의 생명의 길이는 줄어든다.

내가 지금도 청소년들과 함께 강연과 설교로 긴 시간을 함께할 수 있는 것, 청소년들이 내게 귀를 기울여주는 것만도 감사하다. 생존과 공부에만 메마르게 열중해왔던 내 청소년 시절, 그 시절에 이런 가르침을 들어볼 기회가 있었으면 어땠을까. 내가 경험하지 못했고 그렇게 제대로 살아오지 못했지만, 그동안 청소년들과 빈번하게 나눈 주제를 6가지 주제로 정리해 보았다.

(1) 균형 잡힌 믿음과 신앙

(2) 공부하기―한 번쯤 극한까지 몰아치기

⑶ 인생의 십일조-삶의 한 토막을 타인을 위해 살기

⑷ 현장의 힘을 느끼고 배우는 역사탐방

⑸ 내가 누구인가를 고민하기

⑹ 삶의 롤 모델 찾기

(1) 균형 잡힌 믿음과 신앙

내가 살아온 인생 대부분은 기독교 신앙 안에서 이루어졌다. 사람들과의 교제도 공부도 활동도 거의 다 기독교와 교회, 기독교인들의 모임 안에서 행해졌다. 우리가 아무리 탈기독교 사회를 살아가고 있더라도 나는 죽을 때까지 생명의 주를 떠날 수 없을 것이다. 내 몸과 영혼에 깊이 각인된 삶의 습관 때문에 그런 세계관을 갖고 살아갈 수밖에 없는 것이다. 신앙과 습관, 육체와 영과 혼이 그렇게 살아왔기 때문이다.

그런데 어차피 소중하게 여기는 신앙, 일 이년 믿다 버릴 것이 아니라 이 땅에서 뿐만 아니라 영원히 간직할 신앙이라면 좀 더 '바른' 믿음과 좀 더 '균형 잡힌' 신앙을 지향하는 것이 어떨까? 우리가 사용하는 단어에서 명사보다 형용사가 더 값진 경우가 많다. '신앙'이란 명사보다는 '좋은'이나

‘균형 잡힌’이라는 형용사가 항상 중요하다. 열심보다 더 중요한 것은 ‘선한’ 혹은 ‘올바른’ 열심이다. ‘선하고 좋은 것’에 부지런해야지 악한 것에 부지런하면 손해가 막심하고, 때로는 나라도 팔아먹는다. 신앙이 아무리 중요하더라도 ‘맹목적’ 신앙과 ‘바른’ 신앙은 천국과 지옥의 거리만큼 다르기 때문이다.

기독교 신앙, 삶의 지침서와 동반자

사람은 사회적 동물이고 경제적 동물이듯, 또한 종교적 동물이다. 20세기 종교학의 아버지라 불리는 미국 시카고대학의 멀치아 엘리아데(Mircia Eliade, 1907~1986)는 인간을 ‘호모 렐리기우스’(homo religius)라 불렀다. 인간은 태어나서 죽을 때까지, 고대에서 오늘에 이르기까지, 동네 입구의 장승에서 거룩한 성전에 이르기까지, 종교를 의식주 못지않게 중요하게 여겨왔다. 사람은 빵으로만 살 수 없고 영으로 살기 때문이다.

숭배와 경배의 대상도 다양하다. 거대한 바위나 숲, 동물뿐만 아니라 서낭당이나 위대한 인물에서부터 눈에 보이지 않는 영적인 존재에 이르기까지 신 혹은 신적인 존재로 경배한다. 오늘날 기독교, 이슬람과 불교 같은 세계의 보편종교에서 보듯 인간의 종교성과 신앙은 인간 본성에 가깝다.

　기독교의 역사적 신앙 역시 인간의 근본적인 종교성을 담고 있을 뿐만 아니라 우리를 '참된' 길과 진리와 생명으로 이끈다. 기독교 신앙은 또 개인이나 공동체가 위기를 맞거나 삶의 결정적 순간에 처할 때 큰 힘이 된다. 동시에 미지의 세계를 헤쳐나가는 추동력인 믿음을 제공한다. 믿음의 장이라 불리는 히브리서 11장은 인류의 역사와 개인의 삶에서 믿음이 얼마나 중요한지를, 압축적이지만 깊은 의미를 담아 인류 역사를 관통하는 웅대한 서사시로 보여준다. 믿음, 내가 믿는 기독교 신앙은 인간이 세상에서 살아가는 동안 필수적인 삶의 지침을 제공하고, 우리와 함께 어깨를 맞대고 걷는, 때로는 우리를 위로하고 도전하는 삶의 동반자이다. 죽음 이후 내세에 올 영생과 축복은 언급하지 않더라도 말이다.

교집합의 최소화, 작지만 강력한 생명 탯줄 만들기

사람이 평생을 그리스도인들과만, 자신이 속한 교회 안에서만 살아간다면 큰 고민이 없을 것이다. 덩치가 커진 한국 기독교는 종종 성도들에게 그렇게 가르친다. 지하에 큰 쇼핑몰을 가진 주상복합아파트나 오피스텔에서는 건물 밖으로 나가지 않아도 어지간한 삶의 편의시설을 다 이용할 수 있는 것과 같다. 그런데 세상은 그렇게 살 수 없다. 우리는 예수를 믿지 않는 사람과 뒤섞여 학교에서, 믿지 않는 사람들이 더 많은 사회의 요소요소에서 더불어 살아야 한다. 더군다나 불교, 유교, 토속종교가 오랜 세월 분점해 온 한국의 종교적 상황을 고려할 때 우리만의 종교적 성채를 짓고 그 주변에 해자를 만들어 그 안에서만 살아갈 수는 없다.

게다가 오랜 역사를 가진 한국 사회에서 개신교는 겨우 150여 년의 역사밖에 되지 않는다. 수백 년, 천 년 이상을 기독교권에서 살아온 국가는 삶의 모든 영역을 기독교에 기반해 논의할 수 있다. 그런데 한국 사회는 반대로 수천 년의 한국적 종교문화에 기초해 기독교가 평가당할 수도 있다.

이런 상황에서 어떤 태도로 신앙생활을 할 것인지는 중요하다. 나는 평소 신앙과 삶을 설명하는데 우리에게 익숙한 교집합과 합집합이라는 개념을 즐겨 사용한다. 기독교인들이 신앙의 핵심적 규범과 고백이라는 교집합을 최소로 삼고, 기독교 범주를 최대한 넓혀 합집합의 영역을 가능한 크게 만들면 어떨까.

신앙의 교집합이란 개별 교단이 가르치거나 강조하는 차이를 뛰어넘어 세계 기독교인 전체가 보편적으로 공유하는 신앙고백과 믿음을 뜻한다. 주일마다 우리가 같이 읽고 고백하는 사도신경과 주님께서 직접 가르쳐 주신 주기도문이 대표적인 예다. 이 안에 기독교인이라면 누구나 인정하고 고백하는 핵심적인 신앙 규칙이 담겨 있다. 거기에 더해 교단마다 약간씩 달리 강조하는 교리와 전승이 있을 수 있다.

이런 기독교 신앙의 핵심 교집합은 가능한 최소한으로 삼자. 작은 것, 작은 불씨가 힘이 세고 변화에 더 강한 원동력을 제공한다. 하나님에게 더 가까이 갈수록 세상의 온갖 번잡함과 가식들은 제거되어야 한다. 반면에 하나님의 본성과 본질에서 멀어질수록 참 진리를 설명하기 위해 더 많은 수단과 단어와 이유가 필요하다. 쉬운 예를 들어 오늘날 드론을 비롯한 군사 무기나 핸드폰이 잘 보여주듯이 작은 것일수록 더 아름답고 역량이 월등할 수 있다.

이는 또한 한국 같은 다종교 사회에서 살아가는데 지혜로울 뿐만 아니라, 갈기갈기 분화된 개신교의 교단 상황에서 기독교인 사이에 생산적 연대감을 확대하기 위해서도 필수적이다. 기독교인과 교회 숫자가 급격하게 줄어드는 오늘날에는 더욱더 교집합에 충실하면서 합집합의 영역을 열어놓는 '종교적 겸손'이 필요하다.

합집합의 극대화, 품는 만큼 자기 세상이 넓어진다

작지만 강한 기독교 신앙의 교집합을 지키면서 우리는 합집합의 영역을 하나둘씩 넓혀가야 한다. 하나님은 기독교인들의 삶의 영역에서 주가 되실 뿐만 아니라, 온 세계의 하나님이시다. 우리가 온 세계를 조금씩 더 넓게 알아가는 것은 인류에 대한 하나님의 축복을 더 넓고 높고 깊게 알아가는 복된 과정이다. 물론 이 과정에서 인간은 세계의 정복자나 지배자가 아니라 하나님의 축복을 보다 풍성하게 찾아가는 '겸손한 나그네'의 자세가 필요하다.

한국 기독교인들이 합집합을 넓혀가는데 명심해야 할 중요한 요소 중의 하나는 다름을 받아들이는 자세이다. 다르다는 것이 반드시 틀렸다는 것을 의미하지 않는다. 오히려 다르다는 것, 즉 다양성이 획일적인 것보다 더 건강한 경우가 많다. 인류가 근친혼을 금지하는 것도 질병과 퇴화를 방지하는 측면이 있다. 이런 원칙은 사람에게만 적용되는 것이 아니다. 심지어 농장에서 닭을 기를 때도 수탉을 정기적으로 이웃집 수탉과 바꿔주는 것이 좋다. 한 마리의 수탉은 보통 암탉 열 다섯 마리를 거느리면서 유정란을 낳게 하는데 다른 수탉을 데려와야 닭들이 더 건강해질 수 있다. 부화시킬 때에도 종종 이웃집 달걀과 바꾸어 부화를 시킨다. 그래야 더 건강해지는 것이다. 동일집단은 더 쉽게 퇴화하고, 다양성이 삶에 더욱 강한 의지를 만들어준다. 다른 사람들의 건설적인 상호 비평과 토론은 개인과 공동체를 더 강하고 건강하게 한다.

보수적 기독교가 유독 강한 한국 교회에서 신학적으로 조금만 달리해도 다른 종교에 속한 사람보다 더 색안경을 끼고 까칠하게 보는 경우가 많다. 천하를 다니며 영혼을 구원하려고 애쓰면서 본질이 아닌 비본질적인 요소로 그리스도인을 과도하게 매도하는 것은 옳지 않다. 그렇게 하다가는 오랜 세월 열심을 품고 살아왔는데 결국은 연자맷돌을 목에 매고 죽어야 할지 모른다.

적지 않은 한국 개신교인들이 가톨릭 교회를 이단으로 생각하고 비잔틴 기독교에 대해서는 고개를 절레절레 흔드는 사람도 많다. 하지만 2천 년 기독교는 가톨릭 교회와 비잔틴 교회와 개신교가 교집합과 합집합의 구조에서 기능해 왔다. 자신이 속한 교단의 가르침에 기초해 2천 년 기독교를 독선적으로 재단하기 전에, 유구한 역사를 지닌 기독교의 전체성에 기초해 우리 신앙을 때때로 점검하는 것도 유익하다. 이는 한 치의 어긋남 없이 운전자의 안전을 담보하며 운행하는 자동차도 가끔 휠 얼라인먼트 조정을 받아야 하는 것과 같다. 기독교 역사는 종종 이러한 재조정을 '개혁'이라 부른다. 기독교 역사에는 종교개혁같이 큰 개혁만 있던 것이 아니고 수많은 작은 개혁이 있었다. 이것이 바로 시대와 상황에 보다 적절한 쉼 없는 '삶이라는 휠 얼라인먼트'였다.

우리 청소년이 자신이 믿는 핵심 원칙을 확고하게 지켜나가면서도 기독교라는 넓은 범주를 폭넓게 인정하는 건전한 긴장을 어린 시절부터 갖추게 하자. 세상은 품는 만큼 자신의 것이 되기 때문이다. 그것이 세상을 창조하신 하나님을 더 풍요롭게 누리는 또 하나의 방법이다.

(2) 공부하기-한 번쯤 극한까지 몰아치기

청소년기에 올바른 신앙생활을 하는 것만큼 중요한 것은 공부다. 여기서 공부란 단순히 학교성적으로 표기되는 것만이 아니라 삶에 필요한 지적 역량을 최대한 키워가는 것을 뜻한다. 청소년 시기에는 육체적인 성장뿐 아니라 지적인 발달도 엄청나게 이루어진다. 십 대 청소년기 10여 년간 한 인간이 평생 사용할 기본 지식을 습득한다. 그것도 짧은 시간에 인생에 필요한 온갖 필수 정보를 초강력 진공청소기처럼 빨아들인다. 그래서 부모는 자신을 희생하면서 공교육과 각종 사교육을 통해 자녀를 교육한다. 이런 상황에서 청소년들이 일차적으로 해야 할 일은 바로 인생살이에 필요한 기본 지식을 착실하게 배워가는 것이다. 쉽게 말해서 열심히 공부하는 것이다. 아직은 공부가 인생의 다가 아니라고 말하지 말자. 그 말은 아마 성적이나 등급으로 표기되는 공부가 인생의 다는 아니라는 것을 말해 주는 것일 뿐이다.

한국 교회의 질적 저하와 사회에 대한 영향력 감소가 예비 목회자원들의 자질 부족에서도 기인한다는 말은 오래되었다. 은혜는 받았는데 공부에는 별로 소질도 없고 공부하기를 좋아하지 않아서 성적이 받쳐주지 않으니 신학교에 가는 학생이 많다는 말을 종종 듣는다. 물론 모든 신학대학 학생이 그렇다는 말은 아닐 것이고, 그 말을 곧이곧대로 받아들일 필요도 없다. 종교 지도자가 반드시 세속적 공부에서 탁월한 역량을 발휘해야 하는 것도 아니다. 세속적 영역과 종교적 영역이 요구하는 인물 기준과 개념이 다를 것이기 때문이다. 하지만 그런 한탄은 내가 젊을 때부터 빈번하게 들어왔다. 실제로 성경을 주문처럼 암송하고 기도를 시작하면 천지창조에서 계시록까지 읊는 목회자가 많지만, 일반 교양이나 상식을 이야기할 때는 대화 자체가 안될 정도로 막혀있는 경우가 있다. 기본 상식이 통하지 않으며, 몇 개의 성경 구절과 모범답안의 쳇바퀴에 사로잡혀 더는 대화가 통하지 않는다는 비판을 자주 듣는다. 할 수만 있다면 보다 능력 있는 인물이 목회와 신학의 길을 걷는 것이 어느 시대에나 바람직하다. 그런 의미에서 더 나은 한국 교회와 개인의 삶을 위해 십 대 청소년이 할 수 있는 가장 중요한 일 중 하나는 공부하는 것이다.

공부와 관련해서 나는 청소년들에게 세 가지를 좀 더 강조하고 싶다.

첫째는 폭넓은 독서를 하자.

둘째는 자신의 현재 능력에서 조금씩 성실하게 향상해 나가는 작은 경험을 쌓아가자.

셋째는 젊어서 자신을 한번 극한까지 밀어붙이자.

폭넓은 독서

"좋은 책 권이 인생을 바꾸고 세상을 바꾼다." 청소년 시절부터 좋은 책을 많이 읽어야 한다는 점을 강조하는 금언이다. 안타깝게도 한국의 교육상황에서 중학교 2학년부터 고등학교 3학년 시절까지 시험에 포함되지 않는 책을 읽을 시간은 거의 나지 않는다. 학교 시험 범위에 들어가더라도 문제 풀이를 위해 개요와 주제와 문법적인 것을 이해하고 암기하는 것이 대부분이다. 작품 하나가 갖는 깊은 의미를 이해하고 삶에 적용할 시간이 현실적으로 생기지 않는다. 초등학교 시절에서부터 중학교 1학년까지, 그리고 대학 시절이 그나마 책을 읽을 소중한 시간이 된다.

그러면 이 시기 기독교 청소년들은 어떤 책을 읽어야 할까. 어차피 시간도 없으니, 성경이라도 제대로 읽게 하는 데서 만족할까? 성경이라도 읽고 암송하게 하는 것도 중요하다. 하지만 세 살 적 버릇이 여든까지 간다는 속담이 있듯이 청소년기에 기독교와 일상의 균형을 잡아주는 독서는 매우 중요하다. 문제는 교회 안 어른이나 청소년이나 신앙과 삶을 연결해 주는 책을 별로 읽지 않는다는 점이다. 한국 사회에서 기독교인의 숫자가 많음에도 불구하고 기독교 독서 시장은 일반 시장에 비해 아무리 높게 잡아도 10%가 되지 못한다는 사실이 이를 잘 보여준다. 기독교에 관한 이야기를 조금만 어렵게 풀어내면 이를 이해하기도 어려워한다.

왜 교회에 들어오면 기독교에 대한 지적 난독증에 빠질까? 무엇보다 그렇게 교육과 훈련을 받지 않아서일 것이다. 이는 교회와 사회에 대한 이원론적 사고가 가져온 결과일 수 있다. 개교회가 설정해 둔 신앙의 울타리를 넘어서는 것을 용납하지 않는 신앙적 습관의 결과일지 모른다. 기독교인들은 성경을 읽고 교회가 정해준 묵상집이나 담임목사 설교집을 읽는데 익숙하다. 이미 알고 있는 내용을 자기 확증적 차원에서 쉽게 읽을 수 있는 책을 선호한다. 그런 책에 아멘과 할렐루야를 연발한다. 이런 책들은 기존에 익숙하게 배워왔던 틀 안에서 약간의 운율과 표현을 달리하며 대부분 반복적인 내용을 담고 있다. 이런 상황에서는 기독교 신앙과 일반 사회와의 거리감은 점차 커지고, 신앙과 삶을 연결하려는 고민도 감소할 수밖에 없다.

청소년들에게 기독교적 주제를 깊이 생각하고 폭넓은 독서를 하도록 하자. 그래야만 탄탄한 신앙을 갖게 될 것이고, 기독교적인 세계관이 사회 저변에 확산하게 될 것이며, 넓은 세계를 자기 것인 양 살아갈 능력을 갖게 될 것이다. 역사적으로 사람들은 복음 자체뿐만 아니라, 때로 민족을 구원할 방편이나 일반 교양을 쌓을 방법으로 교회를 찾기도 했다. 교회가 일반 사회보다 훨씬 더 문화 수준이 높고 그 내용이 풍부하던 시기도 있었다. 오늘날 단순히 영적 구원을 위해서만이 아니라, 개인이 가진 역량을 교회와 세상에서 최대한 잘 발휘하기 위해 깊은 사유와 독서 역량은 필수다. 특히 가장 많은 보편적 지식을 수용하는 청소년기에 말이다. 하나님이 만드신 물리적이고 영적인 세계는 우리가 두려워할 대상이 아니라 누리고 기뻐해야 할 축복의 세상이기 때문이다.

자신의 현재 능력에서 조금씩 성실하게 향상해 나가기

독서를 포함해 공부하는 것은 성적을 잘 받아 좋은 대학에 가거나 소위 '상위 1%'에 들기 위해서만은 아니다. 인재 양성 과정에서 내가 가장 많이 받는 질문은 이것이다.

"내 성적이 그리 좋지 않고 지적 능력이 탁월하지 않은데, 내가 그런 예비 인재군에 들 수 있을까요?"

인간의 뇌는 엄청난 양의 정보 처리 능력을 갖추고 있음에도 대부분 자신의 뇌 역량의 10%도 사용하지 못하고 죽는다. 아주 극소수 천재적인 인물을 제외하고 개인의 지적 능력의 차이가 별로 의미가 없을 수 있다. 한국처럼 모든 사람이 전반적으로 균일하게 기본 교육과 고등교육을 잘 받은 사회에서는 특히 그렇다. 그런 사회에서는 모든 사람이 시대의 인재들이 될 잠재력이 있다.

그런데 현실에서는 공부를 잘하는 학생보다 못하는 학생들이 많다. 내가 가르치는 영어학원에서 성적이 좋지 않은 학생은 상담할 때 일반적으로 힘이 없다. 그런 학생들에게 나는 이렇게 말한다.

"지난 시험 성적보다 10점만 더 올려볼까? 중요한 것은 지금 너의 성적보다 매번 조금씩 올리는 거야."

맞다. 지난 성적보다 10점만 더 올리자는 이야기의 핵심은 그것이 가져올 엄청난 변화의 가능성이다. 초기 점수가 아무리 나빠도 점수가 10점만 오르면 학생은 자신감을 갖고 공부를 진지하게 한다. 그때부터 눈빛이 달라지고 열심을 낸다. 자신감을 느끼게 하는 것이 진짜 목표다.

지금 당장 받은 점수로 잠재력 덩어리인 청소년을 그 미래까지 평가하지 말자. 지금 가진 성적에서 열심을 내어 매번 조금씩 더 향상하는 것을 성공으로 평가하자. 아인슈타인이나 극소수의 천재적인 인물도 우리 뇌의 10% 정도의 역량을 사용한다는데, 우리도 열심히 노력하면 지금보다는 훨씬 나아지지 않을까? 자신의 현재 역량이 좀 미진하더라도 그런 자세로 피눈물 나게 공부하려는 청소년이 더 값지다. 성적으로 살 수 없는 정직하고 바르게 애쓰는 땀과 노력이 진정성 있는 인물의 기본이다. 그래서 우리도 지금 상황에서 중간고사와 기말고사 때마다, 아니면 매년 10점씩 올리는 것을 목표로 삼아보자.

젊어서 극한까지 밀어붙여 보기

청소년들이 교회에서 신앙생활을 열심히 하는 것 못지않게 자기 나이와 발달단계에서 마땅히 할 일을 치열하게 직면하는 것도 중요하다. 십 대 청소년의 주업은 공부다. 부모들은 자녀들이 미래를 위해 공부하고 부모세대보다는 좀 더 잘 살라고 힘들게 돈 벌어 지원한다. 자녀들에게 공부 대신 밖에 나가 일을 해 돈을 벌어오라고 말할 부모들은 거의 없다. 돈을 벌고 밥을 해 주면서 애쓰는 부모들에게 십 대 자녀들이 할 수 있는 최고의 효도가 공부다. 학교 공부뿐만 아니라 자신이 하고 싶은 일을 성실하게 하는 삶의 공부가 청소년들의 몫이다.

어차피 해야 할 공부라면 한 번쯤 자신을 극한까지 몰아붙여 보면 어떨까? 그렇게 극한까지 자신을 몰아붙여도 젊음이라는 보약을 가진 청소년들은 쉽게 죽지 않는다. 만약 부모 세대가 그렇게 한다면 오래 지나지 않아 지치고 심하면 죽을지 모른다. 마음은 있는데 이미 몸이 따라오지 않는다. 그런데 청년은 청년이기 때문에, 인생에 가장 튼튼한 육체와 열정을 지니고 있기 때문에 며칠씩 잠을 자지 않고 공부한다고 쉽게 쓰러지지 않는다.

하버드 유학 시절 하버드대학 학생들이, 아이비리그 학생들이 얼마나 열심히 공부하는지를 보았다. 그렇게 머리도 좋고 기본기를 튼튼하게 갖춘 학생들, 그것도 자기 모국어인 영어로 공부를 열심히 하는데, 영어도 잘 안되는 내가 더 열심히 해야지 하고 생각한 적이 있었다. 서른에 접어들어 유창하지도 않은 영어로 외국에 나가서 공부하려니 힘들었다. 아무리 토플 점수와 대학원 입학에 필수적인 GRE 시험 점수가 잘 나와도 수업 시간에 내가 생각하는 것을 제대로 실컷 표현하기는 힘들었다. 거기에 더해 역사를 전공하는 학생에게는 읽을 자료가 엄청나다. 프린스턴신학대학 박사과정에서는 한 과목당 매주 두 권의 두툼한 영어책이 주어진다. 한 학기면 30여 권의 책을 읽고 발표하고 에세이를 쓴다.

나는 하버드대학 신학대학원 시절 2년 내내 문자 그대로 피똥을 싸며 공부했다. 세계적으로 유명한 병원이 대학 안에 있지만 병원에 갈 시간과 여유가 없었다. 프린스턴에 와서야 나는 병원을 찾았다. 몇 번에 걸쳐 의사에게 진료와 치료를 받았다. 한 번은 며칠 전 받은 조직검사 결과를 보러 가는 날 새벽에 일찍 잠에서 깼다. 사실 간밤 내내 잠이 오지 않았다.

'공부가 뭐라고…. 내 인생이 행여 여기서 끝나는가.'

2년간 애써온 것이 부질없이 생각되었다. 다행히 치료를 받았고, 내 생명에는 지장이 없었다. 아직은 젊음이 힘든 과정을 이겨내 준 것이다. 젊어서는 돌도 씹어 먹는다는 말이 맞았다.

'하나님이 이끄시는 대로….'

'세상의 모든 지식을 배설물로 여기는 바울처럼….'

이런 말은 청소년 시절에, 젊은 시절에, 행여 신학교 초입에 입버릇처럼 할 수 있는 말이 아니다. 그런 고백이 틀렸다는 말은 아니다. 다만, 절제해서 사용해야 한다는 것이다. 성실함과 열심은 인간의 몫이고 그 뒤의 은혜가 하나님의 몫이다. 우리의 신앙이 우리의 나약함과 게으름을 정당화시켜주지 않는다. 며칠씩 금식하는 열정으로 밤새 기도하는 열심으로 자기 나이에 마땅히 해야 할 공부에 한 번쯤 미쳐보는 것은 어떨까.

그런 열심이 반드시 성적으로 연결되는 것은 아니다. 중고등학교 학생을 가르치다 보면 정말 누구보다 열심히 공부해도 성적이 잘 나오지 않는 경우가 있다. 하지만 그렇게 열심을 다한 학생은 나중에 인생을 반드시 행복하게 살 것이라 믿는다. 결과보다 그런 경험과 자체가 그 학생의 인생의 기본 자세를 마련해 주기 때문이다.

청소년기에 자신이 해야 할 일을 한번 극한까지, 쉽게 말해 죽기 직전까지 몰아붙이는 경험은 인생에 두고두고 좋은 경험이 될 것이다. 한번 경험하면 그것이 본인의 능력이 되고 자신감의 원천이 된다. 젊음은 인생에 참 좋은 자산이다. 나이가 들수록 두고두고 부러워할 정도로 말이다.

(3) 인생의 십일조
-삶의 한 토막을 타인을 위해 살기

인생의 십일조

청소년기, 특히 대학생이 되어서도 자신의 꿈이 무엇인지 모르는 경우가 허다하다. 그렇지만 청소년기는 앞으로 어떤 분야에서 인생을 살아갈지를 본격적으로 고민하기 시작하는 단계다. 요즘은 학교나 사설 기관에서 진로를 상담해

주는 전문가들이 많다. 대학에 진학하는 과정 자체가 부모 세대가 이해하지 못할 정도로 다변화되었고, 학생들은 이전 세대보다 훨씬 더 많은 것을 준비해야 하는 상황이다.

부지런히 인생 계획을 세워나가는 과정에서 청소년들이 자기 인생의 십일조를 드릴 계획을 포함하면 어떨까? 인생의 십일조란 개인의 삶의 총량에서 10분의 일, 즉 삶의 십일조를 하나님이나 공적인 영역에 드리는 것을 의미한다.

'인생의 십일조'

"돈을 많이 벌어 크게 십일조를 하겠습니다. 축복해 주시옵소서."

어린 시절 나는 이런 기도를 주변에서 많이 들었다. 교회는 그런 사람들을 강단에 세워 간증을 시켰다. 물론 돈을 벌고 헌금을 많이 해서 주의 나라를 위해 힘쓰는 것은 좋은 일이다.

그런데 돈보다 더 중요한 것은 삶이다. 삶의 순간순간은 생명이고 금보다 더 귀하다. 경제력은 사람마다 다를 수 있지만, 개인적인 삶의 십 분의 일은 누구에게나 동일한 시간의 기준이다. 개인의 삶의 가장 중요한 한 토막을 하나님을 위해서, 혹은 타인이나 공적인 차원에서 드리면 어떨까? 물론 중고등학교 학생이 당장 학업을 중단하고 3년의 10분의 1에 해당하는 3~4개월을 그렇게 보내라는 뜻은 아니다. 대신 긴 인생 여정을 계획하면서 자기 삶의 10분의 1을, 70년을 산다면 7년 정도의 시간을 그렇게 보내겠다고 결단하고 의미를 찾아가면 어떨까. 이것이 한국 개신교가 그렇게 강조하는 십일조 생활을 단지 경제적인 차원이 아니라 개인의 삶에서 전인적으로 실행하는 것이다. 하나님이 진정 원하시는 것은 하나님이 창조하신 것의 일부를 되돌려드리는 것이 아니라 우리 자신이요, 우리가 가장 소중하게 생각하는 것이리라. 이것이 바로 중세 신비주의자 마이스터 에크하르트(Meister Eckhardt, 1260~1328)를 비롯한 수많은 영성가가 말했던 것이다. 세상의 모든 것을 지으시고 갖고 계신 하나님이 원하시는 것은 인간이 손에 들고 있는 것이 아닌, 인간 자신이다.

미국 시애틀에서 받은 도전-고등어 묵은지 김치찌개

2010년 5월이었다. 나는 성령강림절을 맞아 미국 시애틀에 있는 온누리교회에서 며칠간 사경회를 인도했다. 당시 40대 중반의 팔팔한 나이였다. 그 무렵 인생에 오랫동안 기억에 남을 영적 경험을 몇 번 했다. 그중 하나가 하나님이 내 마음속에 던져주신 고등어 묵은지 김치찌개 이야기였다.

"재현아, 어느 식당에 가서 네가 그리 좋아하는 고등어 묵은지 김치찌개를 시켰는데 말이야. 식당 주인이 김치찌개에 고등어의 대가리와 꼬리만 넣어 주었다면 어떨 것 같으니?"

나는 김치찌개를 아주 좋아한다. 속살을 드러내는 펄펄 끓은 김치 묵은지에 고등어까지 넣으면 얼마나 맛깔나겠는가. 그래서 바로 대답을 했다.

"아니 세상에, 그 맛있는 고등어 묵은지 김치찌개에 통통하고 살도 많고 맛도 좋은 가운데 부위는 딱 빼고 대가리와 꼬리 부분만 내준다고요? 그런 집에 또다시 가면 안 되겠지요."

그렇게 자신 있게 대답을 드렸다. 그런데 이어지는 하나님의 질문은 내 말문을 막아버렸다.

"너는 내게 어떠하냐? 네가 젊어 팔팔할 때 본인이 원하는 것, 잘하는 것, 하고 싶은 것을 원 없이 하다가 나중에 일이 안 풀릴 때가 되어서 그때야 두 손 높게 들고 '천부여 의지 없어서 주께로 옵니다'라고 눈물 콧물 흘리면서 내게 온다면? 니 인생 모두 니 맘대로 살다가 은퇴하거나 정년퇴임을 하고 나서 내게로 돌아와서 이제 남은 인생 주를 위해 일하겠다고 말한다면?"

시애틀의 빨간색으로 칠한 예쁜 2층 통나무집에서 나는 한참을 멍하게 있었다. 제대로 한 대를 얻어맞았다. 내가 달리 변명할 말이 없었다.

'하나님, 맞아요. 내가 그렇게 살았네요.'

서툰 소록도 머슴사역

그때 나의 소록도 사역이 시작되고 있었다. 호남신학대학교 연구교수로 3년을 가르치면서 나는 전라남도의 기독교 문화 유산을 정리하기 시작했다. 여수 애양원의 손양원 목사, 소록도의 가슴 아픈 한센인들, 신안 증도의 문준경 전도사, 남원의 이현필 이야기를 진지하게 접하게 된 것도 그 시절이었다. 그런 과정을 통해 나는 호남 기독교의 영성이라는 광맥을 발견할 기회를 얻었다. 그들의 삶과 신앙 이야기에 점차 빠져들면서 역사학자로서 나는 그들의 감동적인 이야기를 한국 교회와 나눠야겠다고 생각했다. 나 혼자 알고 있기에는 가슴이 터질 것 같았다. 오랜 시간이 지나 이때의 이야기들은 수많은 책과 음반과 만화로 사람들에게 소개되었다.

호남의 영성 이야기 가운데 내 평생 처음 접한 소록도 이야기는 40대 중반에 접어들던 내 삶을 통째로 흔들었다. 전라남도 고흥 끝자락에 자리한 소록도, 섬의 모양이 작은 사슴을 닮았다고 해서 아기 사슴섬이라 불리는 소록도는 1916년 일제강점기에 한센인들의 집단거주지로 시작되었다. 일제뿐만 아니라 같은 동족인 한국인들에게도 오랫동안 차별과 기피의 대상이었던 한센인들의 지난 100년 역사는 한국 근현대사에 가장 아픈 새끼손가락이었다. 소록도는 이제 나이든 한센인들을 위한 실버 하우스 개념으로 남아 있다.

나는 2010년 이른 봄에 소록도에 처음 발을 디뎠다. 연락을 드리고 방문한 나에게 이제는 작고하신 故 천우열 전도사가 차근차근 친절하게 소록도 곳곳을 안내해 주셨다. 생체실험이 있었다던 해부대, 식량창고, 자살바위, 기도굴, 십자봉, 그리고 그때 남아 있던 다섯 개의 교회들…. 그의 설명한 구절 한 구절은 과거 유산과 현장의 가치를 늘 강조해온 내게 엄청난 충격이었다. 무엇보다 최악의 상황 가운데서도 하나님을 만나 삶을 포기하지 않고 작은 성자처럼 살아갔던 한센인 신앙인들의 이야기가 가슴 깊이 밀려왔다.

이후 만 7년간의 소록도 사역이 그렇게 시작되었다. 서울에서 소록도까지 1천 킬로, 그것도 작은 승용차인 마티즈를 타고 170여 차례를 오갔다. 어떤 때는 일주일에 세 번이나 소록도까지 오갔다. 아무도 내게 요청하거나 강요하지 않았던 자칭 소록도 머슴사역이었다.

그렇다고 내가 소록도에서 대단한 일을 한 것은 아니었다. 한센인들과 그곳 목회자들의 필요를 외부에서 열심히 후원을 받아 채워주는 일이 전부였다. 담임목사와 부목사 사택에 화장실이 고장 나면 돈을 모금해 고쳐주고, 절기에 주민들에게 라면 한 트럭을 얻어 선물하고, 주민자치 위원회의 주민용 봉고가 퍼지면 온종일 교회에서 설교하고 책을 팔아 스타렉스를 사다 주었다. 스타렉스는 우리들교회

김양재 목사의 배려로 주일날 설교하고 책을 판 돈으로 소록도에 기증했다. 담임목사가 없을 때는 새벽 3시 40분부터 다섯 교회를 돌아다니며 온종일 설교하고, 개인별로 심방도 했다. 크리스마스 전날 밤에는 작은 선물 보따리 600개를 만들어 집마다 나눠주기도 했다. 소록도중앙교회 성도들이 마룻바닥에 불편하게 앉아 예배를 드리는 것이 안타까워 전 세계에서 후원자를 모집해 긴 장의자를 넣어 주었고, 성가대원들이 그랜드피아노를 원하길래 미국 사랑의교회 김승욱 목사의 관심과 성도의 후원을 받아 그랜드피아노를 마련해 주었다. 소록도의 모든 교인이 한 달에 한 번은 중앙교회에 모여 예배를 드렸기 때문에 결과적으로 모든 성도에게 유익이 되었다. 김애자 피아니스트를 모시고 연주회를 하기도 했다. 2012년 여수엑스포 때는 한센인 120명을 모시고 땡볕에도 즐겁게 엑스포 현장 견학을 시켜드렸고, 뉴욕의 청소년오케스트라 단원 120여 명을 초대해 이들에게 아름다운 선율을 전달해주기도 했다. 한 번 정도는 카네기홀에서 들을 수 있는 연주를 한센인들에게 들려드리고 싶었다. 이곳을 찾는 국내외 방문객들을 십자봉에서 김정복 목사의 기도굴까지 안내하면서 이 시대를 어떻게 살 것인가를 같이 나누었다. 영혼이 젊어서 가능했고, 육체의 젊음 때문에 감당할 수 있었던 일이다.

동시에 나는 소록도 100년의 역사를 정리해 책으로 만들고, 소록도의 아름다운 신앙 이야기를 몇 권의 책으로 출간했다. 천우열 전도사가 그리 좋아한 '찌라도'를 노래로 만들고 DVD를 제작해 교회뿐 아니라 한국 사회와도 나누었다. 소록도가 100주년을 맞이했던 2016년에는 국회에서 소록도 100주년 기념 전시를 하고 소록도 주민 50여 명을 서울에 모셔 1박 2일간 대접하고 경복궁을 방문했다. 그리고 의미 있고 힘들었던 7년간의 머슴생활을 마쳤다. 사실 내가 자원한 소록도 머슴은 힘든 사역이었다. 내 부족한 영성과 인품이 더는 감당할 상황도 아니었다. 그렇게 내 인생의 40대를 마쳤다.

인생에 가장 팔팔한 40대, 나는 미국의 어느 명문 대학에서도 배울 수 없었던 삶의 근본적인 원칙과 가치, 신앙의 의미, 인간의 존재 의미, 내가 누구인가를 바로 그곳 소록도에서 배웠다. 거기에 더해 내 삶의 잘못과 죄를 하나둘씩 씻어내는 정화의 시간이었다. 오십에 접어들면서 내가 기꺼이 시골 농부신학자의 삶을 받아들일 수 있었던 것도 소록도에서의 그런 경험 때문이었는지 모른다.

'삶이란 무엇이고 인생이란 무엇인가, 신학은 무엇이고 한정되고 유한한 삶에서 우리는 어떻게 살 것인가?'

그런 근본적인 고민을 소록도의 십자봉과 기도굴에서 배

웠다. 한국 교회의 외형적 현실을 인생의 전성기에 한 발짝 떨어져 느끼고 고민한 것도 그때 하나님이 내게 주신 선물이었다. 내가 보다 주체적으로, 진정성 있게 살아야겠다는 생각을 굳힌 것도 바로 소록도에서의 경험 때문이었다. 돌이켜 보니 그 시기가 내 인생의 십일조였다.

손양원 이야기

소록도를 접하게 된 것은 여수 애양원의 손양원 목사 작업을 시작하면서였다. 작고하신 이광일 목사와 손양원기념사업회와 여러 목회자의 도움을 받아 손양원 목사의 친필자료를 정리해 책과 만화와 음반 등 많은 작업을 진행했다. 한국 기독교의 대표적인 문학작품인 『사랑의 원자탄』을 비롯한 손양원에 대한 결과물을 영어와 중국어로 번역해 외국인들과도 나누었다. 이런 작업은 2012년 여수엑스포와 연계되어 손양원 목사의 신앙 정신을 국내외에 나누는 계기가 되었고, 2013년 12월 크리스마스에는 KBS 손양원 다큐멘터리를 방송하는 기초작업이 되었다. 이후 경상남도 함안의 손양원 목사 생가기념관을 건립하는 디자인 작업까지 연결되었다. 이렇게 내 나이 40대 10년은 손양원 목사와 소록도 이야기로 가득 차 있었다.

'사랑의 원자탄 손양원 목사'

손양원 목사는 일제강점기에 젊은 시절부터 한센인 같은 사회적 약자를 위한 사역을 꿈꾸고 실천했다. 그는 신사참배에 반대하면서 예수 중독자로 살기를 설파했던 뜨거운 부흥사였고, 한센인들과 거지들까지 자기 가족으로 받아들인 박애 정신의 종교인이었다. 옥중에서도 신앙의 기개와 지조를 지킨 산 순교자였고, 친아들 둘을 잃으면서도 그들을 죽인 사람을 데려다 양자로 삼아 예수 사랑을 실천하려고 애쓴 사람이었고, 자신마저 한국전쟁 중에 순교의 제물로 드린 참 순교자였다.

손양원 목사의 이런 극적인 이야기를 애양원 내에 기념관을 지어 한국 사회에 알린 사람이 당시 애양원 성산교회 전도사 이광일이었다. 그는 손양원 목사의 자녀들이 연주한 피아노 연주와 노래에 손양원 목사의 이야기를 담아 1만 원짜리 카세트테이프 세트를 만들어 봉고를 타고 전국을 다니며 팔아 손양원 순교기념관을 만들었다. 그리고 손양원의 자료를 모아 책으로 출간하기도 했다. 손양원 목사의 삶과 신앙이 이광일 목사를 불태웠던 것이다. 그는 서울에서 이웃집처럼 애양원을 찾던 내게 여수공항 옆 추어탕집에서 밥을 사주며 격려했고 내가 애양원 기념관의 모든 자료를 사용하도록 도와주셨다. 애양원과 성산교회의 사람들은 참 좋았다. 거기에는 손양원 목사 같은 작은 성자들이 많았다. 지금도 애양원 기념관을 찾으면 옆에 있는 카페에 키아츠가 함께 만들어낸 책과 기념품들이 있다.

내 인생 40대, 그 시절 내가 무엇에 그리 깊이 빠져 그런 일에 몰입했을까? 나는 그것이 내 삶의 십일조였다는 것을 한참 뒤에야 알았다. 젊은 내 눈에 교회 권력과 크기와 맘몬의 마력에 빠진 한국 교회가 싫었으리라. 온갖 프로그램과 눈에 보이는 현란한 활동으로 신앙의 본질을 엿 바꿔먹은 세속적이어도 너무 세속적인 교회가 싫었기 때문일 수도 있다. 개인의 구원과 성공 외에는 별로 관심이 없는 사람들도 싫었다. 신학 따로 삶 따로 나 같은 신학자들을 멀리하고 싶었을지 모른다.

분명 한 켠에 그런 생각이 있었다. 하지만 다른 한 켠에 복음을 살아가려 애쓴 손양원과 한센인들의 모습이 내 영혼을 움직인 것이 더 분명한 이유였다. 무엇이 옳고 바른 삶이었는지를 일찍 깨달은 손양원 목사가 평생 신앙을 삶으로 살아내려고 애쓴 모습에 나는 감동했다. 내가 하버드대학에서 가슴 벅차게 배운 사막 교부들의 삶과 같았기 때문이다. 손양원 목사가 가진 뜨거운 신앙 열정과 사랑, 자신의 상황에서 시대와 사회에 대답하려 애쓴 자세를 한국 교회에 나누고 싶었다. 그래서 손양원과 소록도를 주제로 음반을 만들고, '찌라도 콘서트'라는 이름으로 전국의 수십 개의 교회에서 콘서트를 하고 그들의 신앙을 나누었다. 내가 즐거운 예수 딴따라였고 시대의 춤꾼이던 시기였다.

예수의 갈릴리 정신….

예수의 갈릴리 정신에 나도 기꺼이 딴따라 흉내를 냈던 것이다. 거기에 박자를 맞추어주고 후원해 주신 분들 때문에 그 춤은 마치 성령춤처럼 흥겨웠다.

청소년들이 거창한 인생 계획을 세우더라도 삶이 꼭 그 계획대로 흘러가지는 않는다. 그 계획을 성취하시는 분은 하나님이시기 때문이다. 하지만 앞으로 어떤 삶을 살더라도 우리 기독 청소년들은 인생의 10%는 꼭 십일조로 바쳤으면 좋겠다. 그 현장이 해외의 선교지든지, 내가 잠시 보낸 소록도와 애양원 같은 사회의 약자들이 거하던 곳이든지, 종말까지 지속될 빈민가와 같은 사회적 약자들의 거주지든지, 환경운동의 최전선이든지, 아니면 다문화가정의 현장이든지 간에….

하나님이 부르신 그 현장에 인생의 십일조를 정성되이, 가슴 떨리게 드리기를 소망한다.

어느 시대 어느 사회에나 눈물 어린 갈릴리가 있다. 예수 시대의 갈릴리는 개인의 양심을 두드리는 북채가 되어 예수 정신이 시대를 넘어 지금까지 이어진 것이리라. 갈릴리의 존재는 인간의 근본적인 죄성을 보여주는 거울이며, 양심을 들여다보는 거울이다. 바로 그런 곳이 예수라면 제일 먼저 달려갈 곳이다. 그래서 우리도 따라갈 흉내라도 내려고 하는 것이다. 이현필의 외침처럼 등이 따시면 영성은 죽고, 그의 스승 이세종의 가르침처럼 진리와 복음은 가난 가운데 옥처럼 빛난다. 그래서 인생의 십일조를 바치는 것이 남은 90%의 삶을 옥보다 더 빛나게 할 수 있다.

(4) 현장의 힘을 느끼고 배우는 역사탐방

청소년들과 함께 하는 서울 역사탐방

매년 가을 10월이나 11월에 나는 청바지에 운동화를 신고 가벼운 복장으로 서울 한복판을 찾는다. 8시경에 도착해 탑골공원이 내려다보이는 커피숍에서 내가 좋아하는 따뜻한 커피를 한잔하면서 그날 하루 일정을 점검한다. 길 건너 저기 탑골공원을 확장한 '무궁화 꽃이 피었습니다'의 한서 남궁억 선생(1863~1939)이 그려진다. 공원 안 팔각정에서 1919년 3월 1일 경신학교 출신의 청년 정재용이 목청껏 외친 대한 독립 만세를 따라 1천여 명의 학생들이 외친 함성도 여전히 들려오는 듯하다. 그렇게 자료와 마음을 가다듬고 9시경에 카페를 나와 기대하는 맘으로 탑골공원에 들어선다.

그동안 줌을 통해 교육한 청소년들과 젊은 부모들이 전국에서 팀을 꾸려 올라오는 날이다. 역사의 현장에서 우리 민족과 기독교 신앙과 우리 앞에 놓인 과제를 이야기하는 바로 그 날이다. 적게는 30여 명에서 많게는 80여 명에 이르는 사람들이 모인다. 유모차에 탄 어린아이부터 초등학생과 중학생, 거기에 젊은 부모들까지, 마치 한 교회의 통합 주일학교를 서울 한복판에 통째로 옮겨온 모양이다. 대부분 처음 보는 얼굴이지만 전혀 낯설지 않다. 팔각정 앞에 모여 함께 인사를 하고 기도를 드린 다음 그날 할 일을 시작한다.

탑골공원에서 3·1운동을 소재 삼아 근대 한국의 형성과 기독교에 대한 설명을 시작한다. 그리고 낙원상가를 거쳐 도착한 운현궁에서 흥선대원군 이야기와 19세기 말 파란만장했던 조선의 상황을 나눈다. 길 건너 있는 천도교 중앙대교당에서는 3·1운동 당시 민족대표가 왜 천도교인과 기독교인들이 중심축을 이루었는지를 설명한다. 잠시 인사동의 북적거림을 보면서 태화빌딩으로 옮겨 감리교회와 민족대표의 헌신과 어른들의 주저함을 함께 그려본다. 종로 큰길로 나오는 길에 있는 승동교회 계단에 줄줄이 앉아 조선 시대 가장 천민 중의 하나인 백정을 해방한 곤당골의 선교사 사무엘 무어(Samuel F. Moore, 1860~1906)의 열정을 기린다.

버스를 타고 종로의 돈의문박물관마을로 옮겨온 우리는

스코필드기념관과 바로 옆에 있는 김구 선생의 경교장을 방문하면서 20세기 한국의 역사를 되돌아본다. 점심을 맛있게 먹고 오후에는 19세기 말 외교와 기독교의 중심지였던 정동을 탐방한다. 당시 기독교 정신이 가장 잘 구현된 근대 교육기관인 이화학당과 배재학당의 자취를 느끼고, 정동제일교회에서는 유교와 불교와 기독교의 대화와 토론을 강조하면서 한국적 신학을 추구한 탁사 최병헌 목사(1858~1927) 이야기를 짧게나마 나눈다. 1910년 을사늑약의 현장이던 중명전에 들려 20세기 초 한국의 정치적, 종교적 지형과 열강의 수탈과 민족의 존립은 어떠했는지를 아이들과 이야기한다. 줄지어 자리한 각국 대사관들에 얽힌 이런저런 이야기와 함께 고종의 피난길을 따라 러시아공사관 앞에서 하루를 마감한다. 아침 9시부터 시작한 빡빡한 일정에 낙오자 없이 어떻게 시간이 지나갔는지 모른 채 5시경에 하루 일정을 마친다. 몸은 힘들고 다루는 내용을 온전히 이해하기는 쉽지 않지만, 두 눈을 부릅뜨고 종종걸음으로 온종일 함께 한 청소년들이 분명 역사적 현장이 주는 강력한 힘을 느꼈을 것이라 확신한다. 지방에서 올라오는 팀의 경우 2박 3일 일정으로 서울에 올라와 첫날과 마지막 날엔 자기들끼리 필요한 일정을 보내고 가운데 하루를 온전히 나와 함께 그렇게 보낸다.

보스턴의 프리덤 트레일

역사를 공부하고 가르치는 나 같은 사람들은 현장을 좋아한다. 마치 사건을 파헤치는 FBI 요원처럼 현장을 몇 번이고 방문해 샅샅이 뒤지고, 건물의 주춧돌을 살펴보고, 지하 공간부터 첨탑까지 몇 번이고 오르내린다. 원전 자료들을 살펴보고, 과거의 퍼즐 같은 단편적 이야기를 꿰어 맞춘다. 그렇게 벌써 25년을 프랑스와 독일과 이탈리아와 영국을 비롯한 유럽의 여러 나라와 우리나라 곳곳을 돌아다녔다. 돈 없던 유학 시절부터 배는 고팠지만 마음과 눈망울만큼은 또렷했다.

내가 현장이 주는 힘과 역사탐방의 필요를 느낀 것은 하버드대학 유학 시절이었다. 아이비리그대학의 역사 분야에서 박사과정에 진학하기 위해서는 내가 좋아하는 중세역사만이 아니라 초대역사에서 중세와 종교 개혁기를 거쳐 현대역사까지 미리 준비해야 했다. 그런데 그런 예비항목에 가장 중요한 것은 미국 교회사였다. 일 년에 단지 몇 명만을 뽑는 박사과정 입학의 우선순위가 미국 교회사를 전공한 학생에게 주어지는 경우가 많았기에 나도 미국 교회사 과목을 미리 수강해야 했다. 20여 명이 듣는 대학원 수업엔 거의 모든 학생이 백인이었고, 검은 머리 유학생은 내가 유일했다. 두툼한 학습자료집에는 처음 보는 이름과 연도와 개념들이 수두룩했는데 마치 고대 비문을 보는 느낌이었다. 거기에는 미국 교회 이야기만 들어있는 것이 아니라 랄프 에머슨(Ralph W. Emerson, 1803~1882)과 나타니엘 호쏜(Nathniel Hawthorne, 1804~1864)에서 토마스 엘리어트(Thomas S. Eliot, 1888~1965)에 이르는 미국 문학과 사상과 역사 이야기까지 잔뜩 포함되어 있었다. 하버드대학 시절 가장 어렵게 수강한 과목이지만 내게는 역사를 어떻게 공부해야 하는지를 제대로 배우는 기회였다. 그런데 이후 역사가로서 내 인생에 결정적인 인상을 준 것은 학기를 마감하는 마지막 시간이었다.

마지막 수업은 보스턴의 주청사가 있는 비컨힐 현장에서 시작되었다. 한 학기 동안 뉴잉글랜드를 중심으로 미국 교회사를 가르친 데이비드 홀(David Hall) 교수를 중심으로 20여 명의 대학원생이 아침부터 가벼운 복장으로 모여들었다. 바로 미국 역사의 본고장 보스턴의 역사유적을 현장에서 공부하는 날이었다. 뉴잉글랜드란 보스턴이 위치한 매사추세츠 주를 포함해 인근 6개의 주를 일컫는 것으로 미국의 초기역사와 문화를 잘 보여주는 지역이다.

보스턴에는 The Freedom Trail이라는 역사탐방노선이 있다. 아스팔트 위에 빨간 줄을 따라 대표적인 역사유적지를 한 바퀴 돌 수 있게 만든 일종의 노선 안내도이다. 우리의 역사탐방은 보스턴의 정신이 깃든 비컨힐을 따라 건물에 아직도 남아 있는 보라색 창유리의 역사에서부터 시작되었다. 보스턴 커몬에서 세계의 어지간한 대학도서관보다 많은 장서를 가진 보스턴 퍼블릭라이브러리, 티 파티(Tea Party)의 현장, 주요 역사적인 교회에 이르기까지 종일 함께 걸으면서 데이비드 홀 교수는 학생들에게 이야기보따리를 풀었다. 그 하루의 경험이 이후 내 학문과 사역에 중요한 모델과 기준을 만들어 주었다.

'아 역사란 이렇게 공부하는 것이구나. 나도 앞으로 학생들과 현장을 가능한 한 많이 찾아 나서야겠구나.'

내가 전라남도의 기독교 유적지를 내 집처럼 돌아다닌 것도, 서울 중심부에서 청소년들을 만나는 것도 보스턴에서의 그 경험 때문이다.

역사 현장의 힘

현장은 힘이 세다. 때론 책상 앞에 선비처럼 앉아 공부하는 것보다 훨씬 더 큰 영향력을 미친다. 역사적으로 유의미한 '그 땅'에서 우리는 인류의 축적된 역사와 지혜뿐만 아니라 현재와 미래를 살아갈 동력을 얻는다. 그런 역사적 현장은 교과서에서 미완성으로 남아 있던 부분을 완성해 준다. 바로 그 현장에서 우리는 오래전에 일어난 사건을 다시 음미하고, 순교자의 마지막 간절한 기도를 마음으로 느끼고, 저항과 외침의 목소리를 마치 지금 이곳에서 벌어지는 것처럼 격정적으로 듣고, 막다른 길에서 기적적으로 등장하는 신의 도움을 느낀다. 그래서 역사 현장이란 책만큼 강력한 스승이요, 평생 유지될 순간의 도전을 주는 학습이다. 그런 역사적인 현장을 청소년들이 매년 한 번 정도 찾기를 권한다.

작은 땅 우리나라 곳곳에 기독교 역사탐방을 할 곳들이 많다. 가까운 곳은 하루 정도의 일정으로, 좀 먼 거리일 경우 이틀이나 삼일 일정으로 잡아 나서도 좋다. 나는 청소년들과 함께 현장 역사탐방을 하기 위해서는 사전에 두세 차례 줌을 통해 역사 전반에 관한 이야기를 학생 및 부모들과 함께 나눈다. 역사란 무엇이고, 어떻게 이해해야 하는지, 한국 민족으로 기독교를 어떻게 바라봐야 하는지, 현장에서 무엇을 기대할 것인지를 교육한다. 보통 토요일 아침 7시나 8시에 시작해, 한 시간 반 정도 진행하는 줌 강의는 현장 순례여행에 기대와 군침을 더해주는 과정이다. 한 번이라도 강의를 더 하면 할수록, 현장의 깊이는 더해지기 때문이다. 신앙을 주제로 한 그런 현장학습에 청소년들이 찾아 나서기를 권한다. 아마 전혀 예치치 못한 순간의 경험이 일생을 바꿀지도 모른다.

(5) 내가 누구인가를 고민하기

오늘날 교회만큼 집단적 사고와 표준전과식 교육, 그리고 신앙행태의 균일성을 강조하는 곳은 없다. 성도들의 일사불란함을 안정되고 좋은 교회의 기준으로 삼기도 한다. 교회란 기본적으로 성경과 전통적 신조와 신앙고백을 통해 신앙생활의 모범답안지를 갖고 있기 때문일지 모른다. 기독교뿐만 아니라 다른 종교의 신앙생활에서도 그런 사고가 중심을 차지할 수밖에 없다.

그런데 표준전과형 사회는 시간이 지나면 구성원들의 관심에서 멀어질 수밖에 없다. 변치 않는 신앙의 핵심과 끝없이 변하는 세계를 이어줄 방법이 절실히 필요한 이유다. 기독교의 핵심 교리를 변함없이 지켜나가더라도 끝없는 자기성찰과 변화가 필요하다. 사상과 신앙의 정답이 만들어진 시대와 우리 시대에는 지식과 인식과 문화와 생활에 있어 엄청난 간극이 있다. 그래서 원래의 답안지를 참고해 새롭게 해석하고 적용하는 작업이 필요하다. 종교적 해석학은 시대마다 필요한 것이다. 모든 것을 의심하고 반항하면서 자기를 형성해가는 청소년기에는 더욱 그렇다.

정답지에만 매몰되다 보면 신앙적 기준과 일상적인 삶 사이에 괴리가 커질 수밖에 없다. 과거와 현재는 자로 잰 듯 모든 것을 뛰어넘어 균일하게 이어지지 않는다. 특히 한국 교회는 집단적 성격이 워낙 강해 개인의 존재 이유와 자유를 고려하지 않는 경우가 많다. 집단적 사고에서 개인의 자유로운 생각이 움트기 힘들고, 모범답안지 교육에서 창의적인 도전정신이 자리하기 힘들고, 균일성을 강조하다 보면 다원화되는 시대에 더 많은 사람이 교회 밖으로 튕겨 나간다. 신앙적 규칙이 중요하지만 훈고학적 교육에만 머물면 기독교가 시대의 주역으로 활동하기는 갈수록 어려워진다.

어떻게 하면 신앙의 근본 규칙을 중시하면서 청소년 개인의 생각과 의지가 성숙해지도록 도와줄 수 있을까? 가장 중요한 것은 교회가 청소년을 비롯한 성도 개개인을 교회의 목적을 이루기 위한 수단으로 생각하는 데서 벗어나는 것이다. 사람을 교회의 비전이나 목회자의 꿈을 이룰 수단이 아니라 목적 자체로 보아야 한다. 교회가 아무리 하나님 중심적인 신앙사회라고 하지만 인간의 개인적인 특수성을 존중해야 한다.

그래서 청소년들에게 교회 생활에 필수적인 것을 교육하면서 동시에 개인의 정체성과 가능성을 찾게 해야 한다. 청소년 개인이 많은 성경 지식을 가지고 교회에 무리 없이 적응하고 적극적으로 교회사역에 동참하는지보다, 개개인이 어떤 존재인지에 관심을 기울이는 것이 더 중요하다. 학생회나 주일학교 부서에서 몸 바쳐 열심히 일하는 것보다 자신이 누구인지를 묻는 시간과 여건을 만들어 주는데 더 애쓰면 좋지 않을까. 그리고 그런 고민이 평생에 걸쳐 지속되게 하면 어떨까. 성공과 돈과 외모에 유독 열광하는 한국 사회에서 자신의 존재 의미를 고민하게 거들어주면 어떨까.

청소년이 미래의 주역으로 사회와 교회를 감당할 수 있도록 청소년기에는 그들을 보호하고 돌봐야 한다. 당장 전쟁터에 투입할 자원이 아니라 부모와 선배들이 피투성이가 되더라도 후방에서 돌보고 교육해야 한다.

자신만의 인생 보폭으로 고유한 색깔과 분깃 찾아가기

청소년이 내가 누구인지를 묻고 자신의 정체성을 발견하는 것을 세 가지로 생각해 보겠다.

첫째, 자신만의 인생 보폭 발견하기
둘째, 개인의 고유한 분깃
셋째, 자기 세대의 색깔

청소년들이 자기 정체성을 찾아가는 과정에서 본인의 의지 못지않게 부모와 교회의 역할이 중요하다. 사람마다 키가 다르듯 인생을 살아가는 보폭도 다르다. 어떤 사람은 20

대 초반에 '검사 어르신'이 되기도 하지만, 어떤 사람은 20대 말이 되어서도 무엇을 해야 할지 모르는 경우가 허다하다. 이는 개인적인 지능의 차이만은 아니다. 사람마다 기질이 다르고, 성격이 다르고, DNA가 다르고, 선호하는 삶의 양식이 다르다. 유독 삶의 걸음걸이가 늦은 아이를 보면 당사자들뿐만 아니라 이런 성장 과정을 보고 있는 부모의 마음 역시 답답할 것이다. 이때 우리에게 필요한 것은 개인마다 다른 삶의 보폭을 바로 이해하고 여유를 갖고 자신만의 속도로 살아갈 자신감을 북돋아 주는 것이다.

삶에서 속도보다 더 중요한 것은 방향이다. 올바른 방향을 따라 추구하는 지향점이 더 중요하고, 과정이 더 중요한 것을 초등학교 때부터 배워야 한다. 그리고 더 소중한 것은 각자의 존재 이유, 즉 고유한 분깃을 찾아가는 일이다.

'누구처럼….'

한국만큼 표준적인 목표와 기대가 강한 나라가 있을까. 우리는 우열을 가리고 비교하는 데에 너무 민감하다. 잘된다는 것은 서울대학교나 의대나 법대에 들어가는 것을 의미하는 경우가 많다. 의사가 인기 직종이 된 요즘 강남 유치원 생들의 일차 목표가 의사가 되어 돈 많이 버는 것이라는 우스갯소리도 심심치 않게 들린다. 교회라고 해서 다를 것이 하나도 없다. 좋은 성도의 기준은 어느 교회에서나 비슷하다. 예배에 잘 출석하고 봉사 잘하고 목회자 말 잘 듣고 성경 잘 읽고 기도 잘하는 것이 좋은 성도의 기본이다. 어른이 되면 거기에 헌금을 잘하고 목회자의 말을 잘 듣고 대우하는 항목이 추가될 것이다. 그 자체가 틀린 것은 아니다.

그런데 수많은 세부 기준 중에 개인이 가진 고유한 재능에 대해서는 별 관심이 없다. 개인이 사라져버린 집단적 신앙문화가 안타까울 뿐이다. 교회가 다음 세대에도 여전히 역동적이기를 원한다면, 우리 청소년들을 로봇이나 AI가 아닌, 수동적인 참여자가 아닌 적극적이고 주체적인 존재로 키워내야 하지 않을까.

자신의 정체성과 자신의 분깃을 찾아가는 청소년은 자신만의 색깔을 만들어나갈 것이다. 자신의 색깔을 찾는다는 것은 사회의 다양한 분야에서 자신의 소명을 찾아내는 것을 뜻한다. 자신의 마음속에 울림을 따라 삶을 개척해 나가는 것이다. 하나님이 주신 고귀한 한 뼘 인생을 아름답게 옷 입히는 것이다. 자신이 어떤 것을 잘하고 무엇에 소질이 있으며 무엇을 할 때 정말 힘이 나는지를 발견해야 한다. 다른 사람의 발전 속도에 주눅들 필요가 없다. 내가 주행하고 있는 차선보다 옆 차선이 더 빠르게 보이는 것은 인생의 진리다. 하지만 자신만의 보폭을 따라 주님이 부르실 때 인생의 총합을 더 멋지게 살수만 있다면, 나는 청소년들이 그런 길을 가는 것을 응원한다.

(6) 삶의 롤 모델 찾기

내가 좋아하는 중세 라틴어 중에 '마누-둑티오네'(manu-ductione)라는 단어가 있다. 마누스(manus)는 손을 의미하고 두키오(ducio)는 이끌다는 뜻이다. 그래서 manu-ductione는 '손을 잡고 이끈다'는 뜻이다. 스승이 제자를, 장인이 견습생의 손을 잡고 이끌듯이 가르친다는 의미이다. 내가 유학하던 시설 하버드대학의 비벌리 킨질리, 프린스턴신학대학의 폴 로렘, 펜실베니아 대학의 앤 매터 교수가 나의 손을 잡고 학문의 길을 안내했다. 마찬가지로 리더들은 다음세대 주인공들의 손을 이끌고 안내하고 가르쳐야 한다. 특히 손을 잡고 이끌어주는 롤 모델은 청소년들에게 있어 매우 중요하다.

큰바위얼굴

사람에게는 누구나 자신만의 큰바위얼굴이 있다. 미국 사우스다코타주에 있는 러쉬모어(Rushmore)산에는 미국 역사에 중요한 대통령 네 명의 얼굴이 18m 크기로 조각되어 있다. 미국이라는 나라의 태동과 성장과 발전과 보존을 각각 상징

하는 네 명의 대통령들로 많은 사람에게 인생의 롤 모델 역할을 하고 있다. 조지 워싱턴(George Washington, 1732~1799), 토머스 제퍼슨(Thomas Jefferson, 1743~1826), 테오도어 루스벨트(Theodore Roosevelt, 1858~1919), 에이브러햄 링컨(Abraham Lincoln, 1809~1865) 대통령이 바로 그들이다.

내게도 그런 큰바위얼굴이 있다. 내게 삶과 신앙의 모델은 어머니였고, 학문의 모델은 히포의 아우구스티누스(Augustinus)와 위-디오니시우스(Pseudo-Dionysius)와 빙엔의 힐데가르트(Hildegard of Bingen)와 클레르보의 베르나르(Bernard of Clairvaux)와 마이스터 에크하르트(Meister Eckhardt)였다. 내게는 기독교 인물 다섯 명에 더해 나를 이끌어준 초대, 중세연구 분야의 위대한 스승 다섯 명이 있었다.

아우구스티누스의 삶과 사상은 이후 서양 기독교의 큰 얼개와 핵심 가르침이 되었다. 프린스턴대학의 거장 피터 브라운(Peter Brown)의 수업은 나의 손을 잡고 아우구스티누스의 세계로 이끈 경이로운 여행이었다. 위-디오니시우스는 중세 신비주의의 태두로서 수도사와 창의적인 학자의 진면목을 보여주었다. 프린스턴신학대학의 내 스승 폴 로렘(Paul Rorem)은 나를 디오니시우스의 신비주의적 작품들에 심취하도록 이끌어주었다. 독일의 신비주의 여성 신학자 힐데가르트는 지금 내 시골 삶에 정신적이고 신학적인 토대를 제공해 주었고, 하버드대학의 내 스승 비벌리 킨질리(Beverley Kienzle)는 힐데가르트를 통해 나를 중세 여성연구로 이끌어 주었다. 시스터시안 수도회의 탁월한 신비주의자이자 중세 영성 연구의 핵심 인물인 베르나르에게로 나를 이끌어주고 박사 논문을 마칠 때까지 중세 연구의 기초를 다져준 펜실베니아대학의 앤 매터(Ann Matter) 교수는 내게 어머니 같은 분이셨다. 중세 신비주의 거장이었던 에크하르트는 신학과 신앙의 본질을 맛보게 해주었는데, 한마디 한마디 도전해주면서 내 스승이 될 뻔했던 시카고대학의 버나드 맥긴(Bernard McGinn)의 열정이 지금도 큰 안내자이다.

그러한 학문적 큰바위얼굴들은 내 삶의 북두칠성이었고, 내가 농장에서 다시 일어설 힘을 준 스승들이었다. 지난 20년간 서양 중세 역사신학자로서 자부심을 갖고 유학 시절 배운 학문적 방법론을 이용해 한국 기독교의 주옥같은 자료들을 연구해 낼 힘을 주었다. 또 내가 인생의 어느 시점에 작은 손안에 움켜쥐고 있던 별것도 아닌 것을 놓게 했고, 흙과 노동 속에서 하나님을 더 깊이 알아가게 만든 힘의 원천이 되었다.

우리 모두에게도, 어린아이에서 청소년과 청장년에 이르기까지, 인생의 큰바위얼굴이 있다. 행복할 때 제일 먼저 나누고 슬프거나 힘들 때도 찾아뵙고 위로받기 원하는 누군가가 있다. 큰바위얼굴은 각자의 인생에 안내자가 되고 길잡이가 된다. 그래서 칠흑 같은 인생의 어두움 속에서 방향을 잃지 않도록 도와준다. 큰바위얼굴은 어지러운 세상살이에서 길을 잃지 않도록 나침반 역할을 한다. 그런 큰바위얼굴은 가족이나 선생 중에서, 성경의 인물 가운데, 역사 인물 가운데 등장할 수 있다. 그런 큰바위얼굴 같은 삶의 모델을 청소년 시기에 찾아가면 좋겠다.

성경 속의 인물

우리 청소년들이 그런 큰바위얼굴을 찾을 뿐만 아니라 깊이 있게 알아가는 것이 중요하다. 그런데 그런 얼굴을 어떻게 찾을 수 있을까? 나는 청소년들이 두 가지 인물 중에서 큰바위얼굴을 갖기를 제안한다. 한 명은 성경의 인물 중에서, 다른 한 명은 기독교의 역사적 인물 중에서 찾으면 어떨까?

기독교인으로서 자기 인생의 선생을 성경에서 한 명 정도 찾아보자. 교회 설교나 성경공부에서 너무 빈번하게 인용되는 유명한 사람 중에서만 찾으려 하지 말자. 대신 자신의 기질과 정체성에 맞는 인물을 찾아가면 좋을 것이다. 유럽의 많은 교회가 성 베드로, 성 요한, 성 바울, 성 마리아라는 명칭을 교회 이름으로 압도적으로 사용한다. 그런데 그런 모습이 오히려 내게는 밋밋해 보였다. 그것이 그것 같았기 때문이다.

흔히 외국에서 자녀가 태어나면 부모들은 종종 아이들에게 현지 이름을 지어주는 경우가 있다. 나도 유학 시절 태어난 둘째에게는 다니엘을, 셋째에게는 디모데의 할머니 유니스라는 이름을 지어주었다. 또한 한국에서 태어난 아이들에게도 성경 이름을 붙여주는 경우가 많다. 부모가 이름을 지어줄 때는 자녀가 그런 삶을 살기를 바라는 엄마, 아빠의 소망이 깃들어 있다. 사람은 이름값을 하고, 자기 이름에 걸맞게 살아가려 한다. 하지만 더 중요한 것은 청소년 각자가 자기 성격과 기질과 앞으로의 꿈을 반영해서 성경 속의 인물을 찾는 작업이다. 모델을 찾다 보면 성경도 읽을 것이고, 때로는 심층적인 연구와 조사도 해 볼 것이고, 어떻게 이름값 하며 살아낼 것인가도 고민할 수 있을 것이다.

기독교 역사 속의 인물

다음으로 역사 속의 인물, 즉 기독교 역사에 등장하는 인물 중 한 명을 선택해 보자. 히포의 아우구스티누스(Augustinus)나 쟝 칼뱅(Jean Calvin)과 같이 우리에게 익숙한 이름도 좋지만, 내 삶의 동반자가 되어 줄 인물을 좀 더 신경을 써서 찾아 나서자. 서양의 기독교 인물 중에 선정하는 데 어려움이 있다면 국내 기독교 인물 중의 한 사람을 선택하면 어떨까?

성경과 역사 속에서 나만의 큰바위얼굴을 고르는 작업은 그 자체가 생각하는 훈련이자 공부의 과정이다. 이때 담당 지도자나 부모가 청소년에게 특정 인물을 강요하거나 손에 쥐여주는 것은 좋은 방법이 아니다. 대신에 본받을만한 인물들을 몇 개의 범주로 나누어 아이들과 함께 공부하면서 선택하게 하자. 마치 대학 진학을 앞둔 고등학생들이 진로 선택을 하듯 큰 틀과 과정을 도와주면서 청소년 스스로 찾아가게 하면 어떨까. 그것 또한 역사 교육이자 세계관 교육이다.

우리나라 청소년들은 유독 역사 이야기를 좋아한다. 초등학교 고학년은 특히 그렇다. 중학교 시절부터는 학교 시험에 얽매여 장시간 책을 읽거나 생각할 겨를이 없으니, 어느 정도 자기 주장과 생각을 하기 시작하는 초등학교 4학년부터 6학년 사이에 자신만의 큰바위얼굴을 찾아 나설 공부를 같이하면 어떨까. 내가 출간한 세 권의 50인 시리즈는 사실 그런 용도로도 사용되고 있다. 한국 기독교를 특징짓는 '순교'와 '선교'와 '민족'이라는 주제로 우리에게 모범에 될 만한 한국 기독교의 인물들을 50명씩 담아 『한반도에 새겨진 십자가의 길』, 『한반도에 심겨진 복음의 싸앗』, 『한반도에 울려 퍼진 희망의 아리랑』으로 출간했다. 부모나 교회 선생님들과 함께 한 학기에 한 명씩이라도 깊이 있게 공부해간다면,

자신에게 맞는 모델을 찾을 수 있지 않을까.

제3장
부모와 교회를 위한 제안

제3장
부모와 교회를 위한 제안

앞장에서 나는 다음세대 주인공인 청소년들을 위해 여섯 가지 주제를 중심으로 이야기했다. 그런데 사람이나 자연은 어린 새싹 시절 혼자 자랄 수 없다. 청소년들은 부모나 스승이나 각 분야의 선배나 전문가의 도움이 필요하다. 청소년들에게 꼭 필요하지만 그들이 지금은 볼 수 없고 이해할 수 없는 구조와 틀과 기반을 형성해 주는 것이 선배세대의 역할이다. 그래서 이 장에서는 장학 프로그램이라는 이름으로 부모와 교회가 다음세대를 양성하는데 생각할 점들을 다섯 가지로 제안해 보겠다.

첫째, 다음세대 인물에게 무엇을 기대할 것인가?

둘째, 독립된 인재 양성 프로그램과 교회 내 장학 프로그램을 어떻게 운영할 것인가?

셋째, 시간과 마음의 우선순위

넷째, 같이 공부하자

다섯째, 순례영성으로 다시 찾는 자신과 하나님의 얼굴

(1) 다음세대 인물에게 무엇을 기대할 것인가?

신앙의 유전

자식에게 도움이 된다면 부모는 자신들이 가진 모든 것을 물려주려 한다. 다음세대가 부모세대보다 더 잘 살기를 기대하고 믿는 것은 본능에 가깝다. 물려주고 싶은 것이 아파트나 땅이나 기업일 수 있고, 돈이나 인맥일 수 있고, 정신과 사상일 수 있다.

기독교인에게 있어 부모세대의 신앙을 다음세대에 물려주는 것이 모두의 기도요 진심일 것이다. 선배세대가 신앙의 올바른 발자취를 제대로 보여주고 계속 이어지도록 애쓰는 것이 모든 인재 양성의 가장 기본적인 요소이다. 내게도 그런 어머니가 계셨다.

귀신을 아홉 마리나 쫓아내고 살아나신 어머니

신앙은 어린 시절 나의 생명줄이었고, 죽지 않고 살아남은 원동력이었다. 그 신앙의 첫출발은 내 사랑하는 어머니였다. 어머니는 내게 돈도 집도 인맥도, 세상적인 것은 어느 것 하나 물려주지 않으셨다. 내가 성장하자 어머니는 어린 시절 나를 더 공부시키지 못한 것을 미안해하셨다. 그러나 어머니는 돈으로 살 수 없는 '어머니의 하나님'을 내게 위대한 유산으로 물려주셨다.

"니네 어머니가 미쳤다더라."

초등학교 4학년 말, 이제 겨울철이 막 시작되던 어느 날 학교에서 돌아오는 길에 마을 사람들이 모여서 웅성거리며 말했다. 생각해 보니, 어머니가 며칠 전에 교회라는 곳에 처음 발을 들었다. 집에 달려와 보니 교회 전도사라는 여자분이 어머니의 몸을 꽉 붙들고 노래를 부르고 있었다. 가끔은 부르던 노래를 그치고 눈을 감고 무엇이라 소리를 지르고 있었다.

'사탄아, 물러가라.'

영락없이 어머니가 어린아이를 보듬고 있는 모습이었다. 그 여자분이 부르는 노래를 처음 들었는데, 그것이 찬송가라고 했다. 순간 나는 숨이 막혔다.

'엄마….'

그 전해부터 우리 형제들은 어머니의 장례식을 준비하고 있었다. 어머니가 아프신데 원인을 알 수 없었다. 그래서 더는 병원을 찾는 것을 포기하고 장례 준비를 하나둘씩 했다.

광주 시내에 가서 어머니의 영정사진과 가족사진을 마지막으로 같이 찍었다. 광주천 근처에 있던 장례용품 가게에서 이것저것 확인도 미리 해 두었다. 이제 쉰에 접어들던 어머니도 자신의 죽음을 말없이 준비하고 계셨다.

'얼마나 마음이 심란하셨을까?'

나름 살려고 노력하지 않은 것은 아니었다. 그동안 없는 살림에 용하다던 무당도 불러다 푸닥거리도 여러 번 해 보았다. 이웃집 점쟁이가 우리 집에 와서 몇 번씩 빌기도 했다. 푸닥거리를 마치면 잠시 효과가 있는듯했지만, 며칠을 못 갔다. 그래서 사람들의 의견을 들어 할아버지의 묘도 이장해 보았다. 네 아이를 혼자 키우며 어렵게 살던 시골 아낙네가 할 수 있는 것을 다 해 보았다.

어느 새벽녘, 시골 교회의 종소리를 듣던 어머니는 무릎에 누워 있던 내게 말씀하셨다. 어머님은 늘 새벽에 일찍 눈을 떠서 우리 형제를 무릎에 놓고 이런저런 말씀을 해 주셨다. 그러나 이제 죽음을 직감하신 어머님은 체념한 체 말씀했다.

"재현아, 내가 교회라도 나가볼까?"

삶에 지친 어머니의 마지막 절규였다. 이전에 교회에 나가던 형과 누나의 성경책을 찢어서 아궁이의 불쏘시개로 썼던 어머니, 밭에서 소주를 들이키며 먼 하늘을 올려다보던 어머니, 삶의 질곡에 기진맥진해진 어머니가 그래도 지푸라기라도 잡아야겠다는 생각을 하신 것이다.

그래, 생각해보니 사람들 말이 맞았다. 어머니는 미치셨다. 새벽에 평생 처음 찾은 교회에서 어머니는 강대상에서 엎드려 기도하고 있던 여자 전도사를 얼싸안았다.

"살려 주세요…."

이제라도 교회에 왔으니 살려달라는 절규였다. 달리 무슨 말이 필요했겠는가. 교회가 무엇인지 몰랐지만, 교회는 이제 어머니에게 남은 마지막 지푸라기요 밧줄이었다. 그것이 썩은 동아줄이라도 이제 다른 방법을 찾을 수가 없었다. 그 순간부터 어머니는 마귀와 사투를 벌였다. 어머니도 자신을 제어할 수 없었다. 마귀가 유혹하자 윗도리를 벗어 버리고 동네 어귀에서 춤을 추셨다. 눈만 감으면 저기 구석에 마귀가 한 놈도 아니고 아홉 마리가 모여서 자신을 괴롭히려고 온다고 소리를 지르셨다.

그 여자 전도사의 이름은 이원례였다. 여자의 몸으로 시골 교회 담임전도사로 부임한 지 얼마 되지 않았다. 자기 짐을 주섬주섬 챙겨 아예 우리 집에 와서 어머니 옆에서 숙식을 하셨다. 그리고 자신이 덮던 이불은 우리 형제들이 작은 방에서 덮도록 내어 주셨다. 잠시라도 방심하면 어머니는 귀신의 조종을 받아 어떤 일을 벌일 줄 몰랐기 때문이다.

2달간의 영적 사투,
마귀를 쫓아내고 몸과 마음이 치유 받다

나는 초등학교 5학년에 들어가기 전 두 달간 겨울 동안, 그렇게 시작된 영적 전쟁을 두 눈으로 지켜보았다. 사실 그때 나는 하나님이 누구인지, 교회가 무엇인지, 성경이 무엇인지, 전도사나 목사가 어떤 일을 하는 사람인지 알 리가 없었다. 다만, 죽음을 앞둔 어머니가 마귀에게 끌려 유별난 행동을 벌이고 이를 막기 위해 잠과 먹을 것을 제쳐두고 영적인 사투를 벌이던 여자 전도사와 시골 교인들의 모습을 간절한 마음으로 지켜볼 뿐이었다.

저녁이 되자 하루 일을 마친 시골 교회 집사들과 권사들이 한 분 두 분 우리 집 좁은 방을 꽉 채웠다.

'노 권사, 한 집사, 조 집사, 박 집사, 차 집사, 최 집사….'

세어보니 열 분 내외였다. 그들은 이내 손뼉을 치며 한참이나 찬송을 불렀다. 그분들은 평생 피아노 반주에 맞추어 찬송을 불러본 적이 없었는지, 음조나 박자가 거의 맞지 않았다. 생소한 모습에 나도 한글을 한자한자 따라가면서 찬송가라는 것을 흉내 내 불렀다.

"울어도 못하네…. 믿으면 하겠네…."

"예수 이름으로, 예수 이름으로…."

한참 찬송을 부르고 있는데, 어머니가 마귀가 나타났다고 또 소리를 내지르신다. 이네 성도들은 큰 소리를 내며 울부짖었다. 그것을 통성기도라고 했다. 몇 번을 듣고 있던 나도 소리를 질렀다.

"하나님, 당신이 누구인지 모르지만 내 엄마를 살려주세요….."

교인들은 낮에도 간간이 들렀지만, 저녁에는 매일 어김없이 모여 자정 너머까지 그렇게 찬송과 기도를 주술처럼 반복했다. 가만히 들어보니 앞뒤가 맞지 않는 기도도 있었지만 그 간절함 만큼은 깊게 느껴졌다. 나는 처음에 저것이 무슨 소용이겠는가 하는 생각을 하기도 했다. 그렇다고 별다른 방법도 없었다. 내 사랑하는 어머니가 낫기를 위해 기도해 준다는 사실 자체에 나는 감사했다.

그런데 어른들 말로 참 용한 일이었다. 어머니가 점차 유순해지신 것이다. 전도사가 잠시 마음을 놓거나 자리를 뜨면 어머니는 어김없이 마귀가 보인다고 다시 소리를 질렀다. 하지만 하나님이 더 능력이 있는 분이라는 것을 점차 마음으로 받아들였다.

그렇게 두 달의 시간이 지났다. 어머니는 씻은 듯이 몸이 나았다. 마귀도 더는 삶을 방해할 정도로 귀찮게 하지 않았다. 초등학교 5학년에 들어가던 나는 두 달간의 영적인 사투를 매일 밤 두 눈으로 그렇게 목격했다. 어머니의 승리, 아니 하나님의 승리를 보았다. 그리고 마침내 마음에 기도라는 것을 드렸다.

'내게 가장 소중한 어머니를 살려주신 하나님, 당신이 무엇인지 아직은 잘 모르지만 어머니를 살려주신 대가로 내 평생을 당신께 바치겠습니다.'

신앙이라는 귀한 유산을 남겨주신 나의 사랑하는 어머니는 2019년 하늘로 가셨다. 그리고 당신을 하나님께 이끌어 준 이원례 전도사 옆에 사이좋게 누워 계신다.

어머니의 하나님은 내 하나님이셨다. 아우구스티누스가 『고백록』에서 말한 것처럼, 어머니의 이름이 있는 곳에 내 이름이 있을 것이고, 내 이름이 있는 곳에 어머니의 이름이 있을 것이다. 신앙인은 누구나 이런 신앙의 지표석과 스승을 갖고 있을 것이다.

시대와 사회 안에서 어떻게 살 것인가를 고민하기

사람이 젊은 시절 뜻을 세우는 입지(立志)의 결심은 중요하다. 자신이 앞으로 무슨 일을 하고, 어떻게 살고, 무엇을 지향할 것인가에 대한 뜻을 세워가는 것이 소중하다. 그런데 더 값진 것은 그 뜻을 평생 지키는 것, 즉 지조(志操) 하는 것이다.

신앙에서도 마찬가지다. 절실한 순간에 은혜를 받고 뜻

을 세우는 것도 중요하지만, 그 뜻을 평생 올곧게 지켜가는 것이 더 중요하다. 우리나라처럼 '빨리빨리' 문화의 힘을 강력하게 느끼는 사회에서 은혜를 받고 처음 결심한 뜻과 의지를 평생 지켜가기가 결코 쉽지 않다. 그런 강력한 변화의 물결에도 복음을 끝까지 살아내기 위해서는 시대와 사회 안에서 우리가 어떻게 살아갈 것인지에 대한 고민을 지속해야 한다. 아무리 많은 한국 교회가 맘몬과 크기와 세습의 카르텔에 빠져있더라도, 그런 성찰을 하는 청소년들 때문에 여전히 희망의 촛불이 살아남을 것이다. 예수 생명이란 촛불은 쉽게 꺼지지 않기 때문이다.

내가 평소 좋아하는 신학교의 교수인 어느 후배가 한번은 그런 말을 했다.

"형님, 이제는 교회가 사회의 희망이 될 수 없는 것 같아요."

19세기 말 개신교가 한국 사회에 들어왔을 때, 기독교는 사회와 민족의 희망이었다. 최소한 일제강점기 신사참배에 굴복하기 전까지 사람들은 교회와 기독교인들 안에서 희망을 찾았다. 하지만 머지않아 분단과 성공을 교묘하게 교회 성장과 연결하면서 교회는 덩치와 영역을 키우며 자신들만의 파이를 키웠다. 눈에 보이는 성공과 교회 성장 신화는 교회 내 비판의 목소리를 잠재우고, 독재에 대한 순응까지 정당화시켰다. 부자가 잘못을 저질러도 고액수임료를 받은 변호사의 능력에 따라 금방 풀려나듯이, 큰 교회가 비판받을 일을 해도 크게 문제가 되지 않았다. 1990년부터 한국 교회 성장에 경고음이 들려오더니 21세기 들어서는 기독교에서 탈출하는 사람들의 행렬을 빈번히 목격하게 되었다. 아마 성장기 한국 사회와 경제 발전의 흐름에 따라간 교세 확장을 마치 교회 자체, 혹은 담임목사 자신의 헌신의 결과인 양 당연시하면서 내적인 성숙을 도모하지 못한 것이 큰 패착이었는지 모른다.

교회와 사회의 이혼을 재촉해 온 이유는 여러 가지다. 한국 기독교 역사상 가장 크고 화려하고 세련된 예배당을 가진 지금, 과연 얼마나 많은 사람이 여전히 교회를 중요하게 생각하고 있을까? 자신이 믿는 신앙만을 금과옥조로 여기고 세상 사람들의 노력과 능력을 무시하거나 하찮은 것으로 여기는 몸에 깊이 밴 영적 우월주의는 곳곳에 퍼져 있다. 신앙에 자긍심과 확신을 갖는 것은 중요하다. 하지만 거기에 겸손 대신 영적 교만이 자리한다면, 사람과 하나님에게 오히려 무시당하지 않을까? 초대 기독교 사막 영성의 거장인 폰투스의 에바그리우스(Evagrius of Pontus, 345~399)도 8가지 악을 논하면서 교만을 가장 중요한 죄라고 규정했다. 그런데 어쩌다 한국 교회가 그렇게 되었을까.

우리가 청소년들에게 시대와 사회 안에서 그리스도인으로 어떻게 살 것인가를 고민하는 기회와 장을 마련해줘야 하는 이유가 여기에 있다. 구원의 확신을 갖고 교회를 열심히 섬기는 것도 중요하지만, 각 개인이 살아가는 시대와 사회 안에서 사회 구성원으로서 자신의 몫을 다하는 것도 동일하게 중요하다. 자기 시대와 사회 내에서의 제대로 된 역할을 감당하는 것은 선택 사항이 아니라 필수 사항이다.

주일학교 시절에 고등학교까지 부모의 권면에 따라 교회를 잘 다니다가도 청년이 되어 사회를 직접 대면하는 시점에 교회를 떠나는 청년들이 의외로 많다. 냉철한 사유와 합리적 생각 없이 반복적으로 주입식 신앙교육만 하게 되면, 잘못된 경우 영적인 족쇄가 될 수 있다. 우리가 강조하는 예수와의 인격적 만남은 주입받은 교육에 몰입하는 것만을 의미하지 않는다. 인생에 가장 고민이 많다는 대학생 중에 기독교인이 4% 미만이라는 사실은 우리가 무엇을 고민해야 하는지를 시사한다. 교회라는 온실 안에서 살아가는 것은 반복적으로 훈련받았지만, 정글 같은 사회 속에서 자기 몫을 감당하도록 하는 보다 근본적인 교육을 받아야 하지 않을까. 나는 여전히 기독교가 사회와 시대의 희망이자 등대가 될 수 있다고 믿는다. 그리고 하나님은 그런 능력이 넘쳐흐르는 분이라 믿는다.

내 삶의 달란트와 사명 찾기

"사람은 세상의 누구와도 바꿀 수 없는 자신만의 재능을 갖고 있다."

내가 좋아하는 클라이브 루이스(Clive S. Lewis, 1898~1963)의 말이다. 인간이 태어나 살아가면서 가장 큰 숙제는 자신이 세상에 온 이유를 찾아 성실하게 살아가는 것이다. 하나님은 우리를 세상에 보내시면서 각자의 목에 독특한 진주목걸이를 걸어주셨다. 앞만 보고 달릴 때는 보이지 않는 진주목걸이, 어쩌다 자신을 보려고 고개를 숙일 때 목걸이가 보이듯 우리가 고개 숙여 내면을 볼 때에만 나만의 가치와 존재 이유를 발견할 수 있다. 지구상에 수십억 명의 사람이 자신만의 고유한 지문을 갖고 살듯이, 사람은 지구별에 태어나면서부터 자신에게 천부적으로 부여된 고유한 분깃을 갖는다. 그래서 중세인들은 대우주를 주재하시는 하나님이 각자의 영혼 속에 주신 소우주의 신비를 그리 강조했는지 모른다.

기독교는 기본적으로 절대자 하나님을 의존하고 믿고 따르는 신앙에서 존재 이유를 찾는다. 성도들은 교회에서 많은 시간을 보내면서 교회의 전통과 목회자의 가르침에 순종하고 따를 것을 반복해서 배운다. 많은 교회가 성도들이 '다른 생각을 못 할 정도로' 교회 안에서 돌고 살게 만든다. 일주일 내내 자신의 일터에서 일하고 육신적으로 힘든 주일,

성도들에게 촘촘한 일정 속에서 영적인 힘을 내도록 권면한다. 그리고 그런 기대에 잘 부응할 경우 좋은 성도라 부르고, 은혜를 받았다고 배운다. 그런 삶을 꼭 나쁘다고 할 수 없다. 그런 삶에서 실제로 영적인 위로와 힘을 내는 경우도 많다.

하지만 개인이나 교회 공동체에서 비전과 프로그램을 과도하게 강조하면 더욱 중요한 개인의 영성을 메마르게 하고, 자신만의 분깃과 존재 이유를 찾아가는 데 방해가 될 수 있다. 자본주의를 풍자하는 찰리 채플린(Charles Chaplin Jr., 1889~1977)의 우스꽝스럽고 반복적인 몸 연기를 떠올리지 않더라도 교회 내에서 단자화되고 기능적인 차원에서 평생을 살아가는 개인이 수없이 많다. 1965년에 초판이 발행된『세속도시』(The Secular City)에서 하비 콕스(Harvey Cox) 역시 자본주의사회에서 교회 내 그리스도인의 개별화 같은 삶을 비판했다. 그래서 콕스 교수가 내가 중세수도원과 영성으로 박사과정에 진입한다고 했을 때 개인이 갖는 소중함을 발견하도록 격려했는지 모른다.

안타깝게도 개인의 가치와 소중함이 눈에 들어오는 때는 은퇴를 하고 뒷밭으로 물러날 때인 경우가 많다. 사회나 교회 직분에서 인생의 뒷밭으로 물러나기 전에 더 소중한 것을 찾아 살아가면 어떨까? 그런 삶의 진리를 우리의 귀한 청소년들에게 일찍부터 가르치고 같이 나누면 어떨까? 우리 아이들만큼은 신앙과 개인의 가치를 좀 더 균형 있게 살아가도록 할 수 있을까? 좋은 교회가 개인을 좋게 만들기보다는 좋은 개개인이 더 좋은 교회를 만든다. 한 시대를 진정성 있게 붙들고 섬길 다음 세대를 원한다면, 개인의 정체성을 간과하는 교회의 집단적 성향과 확증편향적 교육과정에서 벗어나야 한다. 교회를 구성하는 개별 성도들, 특히 우리 아이들의 가치를 되살려야 한다. 그래야 시간이 지나 더 건강하고 의미 있는 교회가 될 것이다. 교회의 신앙고백과 온갖 부수적인 규칙이 여타 생활을 제한하는 족쇄가 아니라 더 큰 세상을 당차게 살아갈 기본 준칙 역할을 해야 한다.

(2) 독립된 인재 양성 프로그램과 교회 내 장학프로그램을 어떻게 운영할 것인가?

기독교에서 사람을 키우는 방법은 크게 두 가지다. 첫째는 교회 외부에 특수 목적을 가진 장학재단을 세우고 그 비전에 맞게 사람을 키우는 경우다. 둘째는 교회 내에서 기존의 가용자산을 활용해 개교회 차원에서 사람을 키우는 방법이다.

내가 지난 25년간 해 온 방법은 주로 첫 번째 범주의 인재 양성 프로그램이었다. 이 책을 쓰는 또 하나의 계기가 된 창원 새순교회 같은 경우는 두 번째 범주인 교회 내 인재 양성 프로그램이다. 한국 기독교에는 이 두 가지 방안이 모두 필요하다.

독립 기관을 통한 인재 양성

개교회나 교단이 쉽게 할 수 없지만 한국 기독교의 현실에 꼭 필요한 일과 그 목적에 맞는 인물을 양성하는 것은 여전히 필요하다. 꽉 찬 일상업무에 얽매인 개교회나 교단이 특정한 목표를 세우고 실천으로 옮기기는 쉽지 않다. 교회 본연의 목회 업무 때문에 장기간에 걸쳐 적지 않은 예산을 하나의 교회가 투자하기에는 부담이 많다. 거기에 과도하게 정치화되어 있는 한국 기독교 교단들이 연합해 이런 일을 효과적으로 실행할 시도 자체가 어렵다. 행여 재정을 기부하더라도 기부자가 장학프로그램에 영향력을 미치려는 경우도 의외로 많다.

교회 내 장학프로그램

현시점에서 한국 기독교의 현실을 고려할 때 개별교회가 인재 양성 프로그램을 더욱 쉽고 효과적으로 운영할 수 있다고 생각한다.

첫째로 외부 일보다 자기 교회 일에 성도들의 헌신이 당연히 높기 때문이다. 교회 안에서 당장 눈에 보이지 않는 일이라도 자기 교회의 일이라는 확신이 있기 때문이다. 성도들도 대의명분에 기초한 외부의 공적 프로그램보다 자기 교회 안의 프로그램에 더 쉽게 헌신한다.

둘째로 개별교회들이 이미 적지 않은 재정을 교회 내 장학금으로 사용하고 있다는 점도 중요하다. 예를 들어 어느 광역시에 있는 교회의 연간 예산이 30억 정도인데, 매년 장학지원 형식으로 나가는 돈이 1억5천만 원 정도였다. 한 해 예산이 10억 정도 되는 중형교회들도 보통 연간 수천만 원의 재정을 장학기금으로 사용하고 있다. 어차피 매년 쓰는 돈이라면 좀 더 객관적이고 합리적이고 체계적인 제도를 만들어 사용하면 더 좋지 않을까. 1년에 1억을 사용한다면, 10년을 생각하면서 10억짜리 장기계획을 촘촘하게 세울 수 있다. 한가지 목적으로 10년간 10억의 예산은 결코 적은 액수가 아니다.

리더십과 위원회

교회와 교단을 초월한 독립된 장학프로그램이든지 교회 내 프로그램이든지 상관없이 인재 양성의 첫 단계는 전체 틀을 기획하고 실행하고 감독할 위원회를 구성하고 리더십을 세우는 일이다. 위원회의 장으로는 가급적 교회나 기관이 이용 가능한 최고의 인적 자원을 배치한다. 좋은 리더가 다음 세대의 좋은 리더를 배출한다. 리더가 보는 만큼 청소년들이 더 넓게 보게 하고 아는 만큼 더 깊이 가르칠 수 있다. 그래서 장학프로그램의 성공은 리더십을 어떻게 세우냐에 달려있다.

위원회를 구성할 때 형식적인 인원 충원이 아니라 이용 가능한 최고의 진영을 꾸린다. 교회의 경우 수석장로와 장학프로그램을 전담할 목사가 함께하는 것이 좋다. 위원회는 수시로 당회와 담임목사와 긴밀히 소통할 필요가 있기 때문이다. 동시에 각 교육부서의 대표자, 특별히 젊은이들을 포함하는 것이 좋다. 각 부서의 장을 당연직으로 포함하는 것보다 부서장이 아니더라도 각 부서가 신뢰하고 추천하는 사람을 위원회에 담는 것이 좋다. 예를 들어 한국 사회의 고질병인 인구감소의 대책을 마련하고 결혼과 육아를 논의하는 과정에 남성들만 모여 회의를 한다면 얼마나 우스운 모습이겠는가. 어리지만 주일학교 부서의 학생대표를 과감하게 위원회에 포함하는 것도 좋다. 청소년을 키우겠다는데 청소년의 목소리를 담아내는 것은 당연한 일이다. 또 장학프로그램은 목적성 위원회를 필요로 하므로, 교육과 사람에 대한 전문적인 재능을 가진 분들을 우선 합류시키는 것이 좋다.

견실하고 내실 있는 위원회는 장학프로그램에 객관성과 지속성을 담보하는 필수요건이다. 여러 사람이 참여하다 보면 보다 효율적인 의견과 실행방법을 모을 수 있고, 헌신과 수고와 기쁨도 같이 나눌 수 있다.

그렇다면 이러한 위원회나 리더십이 유념할 요소들은 어떤 것들이 있을까? 어떤 자세로, 무엇을 확보하면서 다음세대를 키워나가야 할까?

사랑과 기대

사람을 키우는 일에 넉넉한 재정과 좋은 프로그램도 중요하지만, 더욱 값진 것은 사람에 대한 사랑과 기대이다. 사람을 키우는 일은 결코 쉽지 않다. 부모가 사랑으로 낳은 자녀 한두 명을 잘 키우는 것도 버겁다. 하물며 우리가 깊이 알지 못하는 청소년을 키워야 하는 경우, 정말 마음으로 낳은 자녀 같은 심정으로 사랑해야 한다. 사람은 자신이 사랑을 받고 있는지 아닌지 본능적으로 안다. 그래서 사람을 키우는데 가장 중요한 것이 사랑이다.

사랑과 함께 키우려 하는 인물에 대한 기대를 해야 한다. 지금의 내 자녀가 망나니 같을지라도 부모는 죽을 때까지 자녀에 대한 기대를 버리지 않는다. 인물을 키울 때도 마찬가지다. 그런 기대는 지금의 모습에 만족하는 것이 아니라

5년 후 10년 후에 볼 수 있는 모습을 그리는 것이다. 이는 마치 조각가가 끌과 정을 들고 대리석 앞에 서서, 그 안에서 이제 탄생할 아름다운 모습을 상상하고 즐겁고 벅찬 마음으로 작업을 시작하는 것과 같다. 거대한 대리석 안에서 어떤 인물상이 나올지, 어떤 결과물이 명작으로 등장할지 처음에는 분명히 보이지 않는다. 하지만 아직은 돌덩이에 불과한 어린 청소년 안에서 위대한 인생작품이 나오리라는 기대감을 갖는 것 자체가 우리의 맘과 영혼을 들뜨게 한다. 이것이 인재 양성에 가장 필요한 마음자세다.

병아리를 품는 어미 닭 같은 헌신

사랑과 기대는 헌신을 자양분 삼아 자란다. 헌신은 일차적으로 리더십이나 위원회의 자기희생이며, 다음세대를 품는다는 것은 오랜 시간 정성을 들이는 일이다. 닭이 병아리를 부화시키듯 21일만 헌신을 하면 되는 일이 아니다. 인재 양성은 기본이 10년이다.

우리 농장에는 청계와 백색 오골계와 토종닭이 있다. 자연 친화적인 환경에서 자란 닭들이 낳는 달걀이 몸과 정신에 좋아서 사람들이 자주 찾는다. 가끔 어미 닭이 달걀을 품는다. 사람이 가까이 가도 어미 닭이 움직이지 않고 오히려 부리로 사람을 쪼면 틀림없이 알을 품기 시작한 신호다. 그러면 10여 개의 청계 알을 그 밑에 살짝 밀어 넣어준다. 병아리가 태어나기까지는 21일이 걸린다. 어미 닭은 그 긴 시간을 거의 움직이지 않고, 먹지도 마시지도 않고 알을 품는다. 온몸으로 알의 온도를 일정하게 유지하고, 가끔씩 알을 굴렸다가 다시 가슴으로 품는다. 배가 고프고 목이 말라도 아무도 자기 알을 가져가지 못하게 지킨다. 지난해 11월 제법 추워지는 어느 날 청계 한 마리가 알을 품었다. 우리 농장에서 처음 알을 품는 닭이라 나는 그 과정을 지켜보기로 했다. 날이 지나갈수록 더 추워지는 상황에서도 어미 닭은 21일을 굳은 의지로 견뎠다. 동물의 본성이겠지만 눈물이 날 정도로 기특해 보였다.

21일이 지나 병아리가 세상에 나오면 어미 닭은 한 달 정도 병아리를 돌본다. 어미 닭은 자신이 품었던 병아리를 지극정성으로 돌본다. 낮에는 병아리를 쫄쫄 따라다니며 보호하고 자기 병아리가 먹이통에 접근할 수 있도록 다른 닭들을 쪼아댄다. 저녁에는 다시 새끼를 품에 안고 어두운 시간을 이겨낸다. 어미 닭이 거의 머슴처럼 그렇게 병아리를 보호한다. 한 달 정도 지나면 병아리는 혼자서도 제법 먹이도 찾아 먹고 물도 마신다. 이제는 어미 닭이 없어도 개의치 않고 살아간다. 그러면 어미 닭은 그렇게 헌신적으로 키운 병아리가 이제 남이나 된 듯이 무심히 떠나보낸다.

다음 세대를 기르고자 하는 사람에게 그런 어미 닭의 헌신이 필요하다. 마태복음 23장에 예수께서 종말을 언급하시는 '화 있을진저' 시리즈에서 자신이 어미 닭처럼 사람들을 불러 모은 적이 얼마나 많냐고 힘주어 말씀하신다.

"예루살렘아, 예루살렘아, 선지자들을 죽이고 네게 파송된 자들을 돌로 치는 자여 암탉이 그 새끼를 날개 아래에 모음같이 내가 네 자녀를 모으려 한 일이 몇 번이냐 그러나 너희가 원하지 아니하였도다."(마태복음 23:37)

예수도 어미 닭의 그러한 헌신을 언급하셨다.

그런 헌신은 시간이 지나 적지 않은 보람과 결과를 남기기도 하지만, 문자 그대로 눈물을 자아내는 헌신으로 끝나는 일도 있다. 우리 자녀도 세상이 온통 자기 것 같은 청년기에 부모의 헌신이 눈에 들어올 리가 없다. 그래서 아이들도 자식을 낳아 봐야 그제야 부모 심정을 조금이라도 안다. 장학생들도 자신이 똑똑하고 그럴만한 자격이 있고 열심히 해서 좋은 결과를 이루었다고 생각하는 경우가 의외로 많다. 나도 마찬가지였다. 젊은 시절 내가 똑똑하기 때문에 장학금을 받고 사람들의 배려를 받는 것은 당연하다고 생각하곤 했다. 리더는 이때도 어미 닭처럼 사랑의 눈물을 속으로 삼켜야 한다. 어느 정도 큰 병아리가 어미 품을 떠나듯, 우리가 키운 청소년들이 자기 시대의 세상에서 마음껏 활동하고 돌아다니도록 그 모습을 멀리서 지켜보는 것으로 만족해야 할지 모른다.

그때 필요한 것은 주인의 칭찬을 받은 종의 겸손한 고백이다. 나는 some-body, 즉 무엇이 되기 위해 일한 것이 아니라, 사실 아무것도 아닌 no-body인 것이다. 하나님의 종으로 하나님이 우리 마음속에 주신 일을 성실하게 한 '헌신적인 노바디'라고 겸손히 고백해야 한다. 그래서 사람을 키우다 보면 리더가 인생의 의미를 더 깊이 알아가는 것이다.

"우리는 무익한 종이라 우리가 하여야 할 일을 한 것 뿐이라."(누가복음 17:10)

개별교회만의 특색있는 목적문 만들기

장학프로그램을 시작하기 전에 위원회는 자신들만의 목적문을 만들어야 한다. 목적문은 너무 어렵게 만들지 말고 분명하고 누구나 쉽게 이해할 수 있도록 만들자. 모든 교육기관이나 단체가 자신만의 목적문을 갖고 있듯이, 개별교회의 장학프로그램도 자신들의 지향점을 문서로 압축해 놓으면 좋다. 여기서는 두 가지 목적문의 예를 나누려 한다.

첫째는 1981년 설립되어 지난 반세기 가까이 한국 사회에 크고 선한 영향을 끼쳐온 대우재단의 목적문으로 우리가 참고할 좋은 본보기다. 대우재단 학술사업은 한국의 인문

사회과학 발전에 크게 이바지해 왔다. 1978년 김우중 회장 (1936~2019)이 사재 200억 원을 출연하여 시작한 대우재단의 초기 목표는 지금 생각해도 소중한 목적문이다. 대우재단은 아래와 같은 일을 지원하기 위해 시작되었다.

하나, 반드시 있어야 하는데 없는 것들

둘, 그늘진 곳에 있는 것들

셋, 조금만 도와주면 일어설 수 있는 것들

넷, 선도적 기능을 할 수 있는 것들

다섯, 촉매적인 기능을 할 수 있는 것들

대우재단은 종교에 기반을 둔 재단은 아니다. 하지만 초기부터 선명하게 그려온 그 목적문은 한국 사회가 꼭 필요로 하는 근본적인 토대작업의 좋은 예이고, 한국 기독교가 본받을만한 가치가 있다. 그래서 이 목적문에 나와 있는 정신을 개별교회 다음세대 양성프로그램의 정신으로 재해석해 옷을 입히는 것도 좋다.

둘째는 내가 사무총장으로 설립부터 애써온 스코필드 장학프로그램의 목적문이다. 이 목적문에서 우리는 신앙, 민족, 시대정신, 삶을 강조했다.

"우리는 스코필드 박사가 평생 강조한 정직과 정의, 박애와 사랑, 배려와 섬김, 건설적 비판정신과 세상을 변혁할 힘을 기르고 실천해 갈 인물을 양성하고자 합니다. 동시에 개개인이 가진 고유한 재능을 가지고 자신이 속한 공동체와 사회, 역사와 현실을 책임지는 인물을 길러내고자 합니다. 그리하여 후에 자신의 재능과 재정의 일부를 공동체와 사회의 공적 자산 형성에 기여해 보다 밝고 희망찬 사회를 만들어가고자 합니다."

여기에 장학생으로 선발된 학생들은 출범식에서 다음과 같은 구체적인 실천 요강을 함께 선언한다. 한번 읽고 입으로 말하면 정신과 기억 속에 조금 더 각인되기 때문이다.

"나는 스코필드장학문화사업단 스코필드 장학생으로서,
하나, 스코필드 박사님이 3·1정신을 강조하며 한국 사회의 부패와 불의에 투쟁했던 것처럼 나는 사회의 구성원이자 지성인으로서 사회에 무관심하지 않고 사회적 책임을 깊이 인식하겠습니다.
하나, 나는 스코필드 박사님이 제암리와 수촌리의 학살 현장을 방문하고 3·1만세운동으로 감옥에 갇힌 사람들을 위로했던 것처럼 주변에 고통받는 자들을 직접 찾아가 마음을 같이 하겠습니다.

하나, 가난과 장애를 극복하고 학업을 계속하여 세계적인 수의학자로 활동했던 스코필드 박사님처럼 나는 어떠한 어려움에도 인내하며 성실하게 나의 분야에 최선을 다하겠습니다.

하나, 정직이 가장 경제적이라고 믿었던 스코필드 박사님처럼 나는 어떤 순간에도 정직하게 행동하며 살겠습니다.

하나, 나는 한국 사람보다 더 한국을 사랑한 스코필드 박사님처럼 한반도를 사랑하고 통일에 소원을 두겠습니다."

목적문은 짧게 만들더라도 세부적인 지향점을 좀 더 구체적으로 만들어도 좋다. 그래야 장학생들은 그 목표를 분명히 인식할 수 있고, 리더십과 위원회도 원래의 목적을 반복해 상기할 수 있다. 성도들도 그런 장학프로그램을 분명하게 이해하고 지원할 수 있으며, 장기적으로 투자되는 재정과 인력에 대한 정당성도 확보할 수 있다.

다음세대 양성에 대한 개별교회의 장기적 로드맵 만들기

개별교회가 다음세대 양성 프로그램을 자체적으로 운영할 때 가장 좋은 점은 성도들의 보다 친밀감 있는 참여와 함께 당장 교회 내 주일학교 교육과 연계시킬 수 있다는 점이다. 20세기 한국 기독교의 발전은 주일학교 교육에서 시작되었다고 해도 과언이 아니다. 당시 주일학교란 10대들만을 위한 것이 아니었고 장년 주일학교도 인기를 끌었다. 그런데 오늘날 교회에 참석하는 청소년의 숫자가 대폭 줄어들고 이전 세대보다 더 바쁜 10대들에게 고전적인 주일학교 방식은 일종의 리모델링이나 재건축이 필요할 시점에 도달했다.

유년부, 초등부, 중등부, 고등부, 대학청년부 식의 학교 교육체계에 따라 구분한 주일학교 교육에 이제 변화를 주면 어떨까. 인원도 적은데 부서마다 독자적인 모임을 하고 예전처럼 담당 교역자를 배치하는 것이 비효율적일 수 있다. 대신 발달단계에 따라 그룹을 약간 조정하면서 통합교육을 하면 어떨까? 예를 들어, 첫째로 초등학교 4학년부터 중학교 1학년까지 한 그룹으로 삼아도 좋다. 초등학교 4학년부터 사용하는 언어량과 학습량이 달라지고 중학교 1학년 때까지는 학교 시험에 대한 부담이 적기 때문이다. 또한 이 시기가 청소년 인재 양성을 가장 효율적으로 할 수 있는 기회이다. 중학교 2학년부터 고등학교 3학년까지(또는 중학교 2학년부터 고등학교 1학년까지)를 같은 단위로 삼아도 좋다. 중학교 2학년부터 고등학교 1학년까지는 학교 공부의 부담과 난이도를 고려할 때 한 묶음으로 교육하기 좋다. 고등학교 2

학년과 고등학교 3학년은 입시를 준비하는 한국 교육 시스템에서 가장 벅찬 시기여서, 따로 운영하거나 대학청년부와 한데 묶어 최소한의 신앙의 기본을 잡아주는 기간으로 삼아도 좋다. 고등학교 2~3학년은 저학년 동생들보다 선배들과 어울리기를 좋아하고, 진로에 대한 고민을 선배들과 나누는 데도 도움이 된다.

우리는 청소년기 바쁜 학생들의 현실적인 상황을 적극적으로 고려해야 하고, 그들이 교회에서 보내는 한 시간 한 시간을 최대한 효과적으로 운영해야 한다. 고등학교 2~3학년의 경우는 더욱 그렇다. 말 그대로 순간순간이 바쁜 시절이다. 눈코 뜰 새 없이 분주한 그들에게 최소한의 시간으로 가장 중요한 신앙 원칙을 알려주어야 한다. 좋은 신앙인으로 살아가는데 필요한 것은 교육의 양이 아니라 질이라는 점도 이 시기에 더 깊이 새겨야 한다. 교회에 온 학생의 시간을 준비 없이 흘려보내는 것은 큰 잘못이다.

이처럼 초등학교 4학년에서 대학청년부까지 세 개 정도의 그룹으로 나누어 10년 이상의 장기적인 차원에서 청소년들에게 넉넉하게 담아 줄 교육 목표와 구체적인 방안을 준비해 보자. 지루하고 반복되는 교육 내용을 최대한 줄이고, 10대 때 꼭 필요한 내용을 단계별로 어떻게 안내하고 북돋아 줄 것인지를 세밀하게 준비해 보자. 자녀의 교육과 학원

생활을 위해 동분서주하는 부모의 심정으로 주일학교에 나오는 아이들의 귀한 시간을 값지게 채워주는 것은 교회 리더십의 선택이 아니라 필수사항이다.

교회 전체 예산의 10% 투자하기
-인재 양성 기금 만들기

세상이나 교회나 어떤 일을 성공적으로 수행하기 위해 꼭 필요한 요소 중 하나는 재정이다. 돈으로 인물을 키우는 것은 아니지만, 돈이 없으면 오랜 시간이 걸리는 인재 양성을 견인할 추동력을 확보하기 어렵다. 돈은 맘몬이란 이름으로 저주할 대상만은 아니다. 때로는 아름다운 꽃이기 때문이다. 그러면 개별교회에서 다음세대 양성 기금을 어떻게, 어느 규모로 마련하면 좋을까?

첫째, 기존 장학기금을 인재 양성 기금으로 더욱 분명하고 체계적으로 운영하면 어떨까? 규모가 어느 정도 되는 교회들은 매년 적게는 천만 원에서 억 단위까지 각종 명목으로 장학금을 지급한다. 그런 기금이 쓸데없이 지급되는 것은 분명 아니지만, 인재 양성 기금으로 통폐합하여 조금 더 목적성 있고 효율적으로 사용하면 좋다.

둘째, 교회마다 다음세대 인재 양성 기금이라는 항목을 만드는 것도 좋은 방법이다. 교회의 일반적인 헌금 항목에는 십일조, 주일헌금, 선교헌금, 감사헌금 등이 있다. 기본적으로 교회의 헌금 항목을 늘려가는 것에는 나도 동의하지 않지만, 다음세대 인재 양성 헌금이란 항목을 하나 추가하는 것은 오히려 반전의 기쁨을 주지 않을까.

셋째, 교회 차원에서 일 년에 한 번 인재 양성 주일을 지키는 것도 유익하다. 맥추절과 추수감사절을 지키듯이 52주 중에 한 번은 인재 양성 주일로 지켜보자. 한국의 학교 시스템을 고려할 때 새 학년이 시작되는 매년 3월에 한 주를 정해 온 교회가 인재 양성 주일을 지켜도 좋다. 아예 3·1절 기념예배와 인재 양성 주일을 결합해 3·1만세운동의 정신과 민족과 복음을 상기하는 기회로 삼아도 좋다. 그리고 그날은 온 교인이 다음세대 양성의 중요성과 의미를 나눌 전시와 활동과 발표와 세미나를 하면 더욱 효과적일 수 있다. 성도들과 더 많이 공유할수록 의미 있는 일이 동력을 얻기 때문이다.

넷째, 교회 전체 예산의 10% 정도는 인재 양성 기금으로 따로 떼어 사용하는 것도 바람직하다. 아예 이 항목을 교회의 필수적인 고정지출 비용, 즉 필수 경상비로 예산에 반영하는 것이다. 그래야 10년에 이르는 안정적인 장기계획이 가능하다. 예산이 부족할 경우, 연례 인재 양성 주일에 교회 차원에서 특별 헌금을 하는 것도 대안이다. 내가 굶더라도 자녀들만큼은 키워보겠다는 부모의 헌신이 오늘의 대한민국을 만들어내지 않았는가. 내 자녀를 비롯한 다음세대를 키우자는데 적극적이지 않은 성도들이 어디 있겠는가.

사람은 마음이 가는 곳에 돈을 쓰고 돈을 쓰는 곳에 마음이 있다. 교회 안에 할 일도 많고 대부분 교회가 재정 상황이 빠듯하지만, 그래도 다음세대 양성은 우리 한국 교회에 필수적인 임무가 되었다. 이제 개교회마다 전체 예산의 10%를 다음세대 양성에 사용하도록 지금부터라도 결행해 보자.

(3) 시간과 마음의 우선순위

사람이 사람을 키운다.

분당중앙교회 인재양성원을 맡고 있을 때 서울 강남의 소망교회 담임목사가 인재 양성을 주제로 미팅을 요청해 온 적이 있다. 최종천 목사와 나는 그분과 한 시간가량 인재 양성에 대해 이런저런 이야기를 나누었다. 한국 교회가 인물 양성에 관해 관심이 별로 없는 상황에서 이런 일로 만남을 요청해 온 자체가 기뻤다.

"우리 교회에 몇십억의 기금을 당장 마련해 사용할 수 있는데, 어떻게 사람을 기르는 일에 쓰면 좋겠습니까?" 김지철 목사는 이것저것을 논의하는 과정에서 진지하게 말했다.

"목사님, 조심스럽지만 사람은 돈으로 키우는 것은 아니고요…."

시간이 오래 지났지만 그때 젊은 내가 했던 말이 지금도 생생히 기억난다. 내가 알기로 그 이후 소망교회는 소망장학금을 신설하고, 통합 측 신학생들에게 장학금을 지급하고 신학 교수들이 좋은 논문과 책을 쓰도록 지원하고 있다는 소식을 들었다.

사람이 사람을 키운다.

사람을 키우는 사람의 관점과 마음 씀씀이에 따라 거기에 걸맞는 다음세대 인물이 나온다. 마치 튼튼한 묘목이나 과실수가 더 좋은 농작물을 만드는 것과 같다. 농작물은 농부의 발걸음을 듣고 자라듯이, 사람은 키우는 리더의 사람됨을 보고 자란다. 좋은 건물이나 넉넉한 재정도 유용하지만 그 자체가 사람을 키우지는 않는다. 제도가 사람을 키우는 것도 아니다. 제도는 사람을 위해 있는 것이지 사람이 제도를 위해 있는 것은 아니기 때문이다.

결국은 사람이 사람을 키우는 것이다.

그리고 좋은 리더가 좋은 다음세대를 키운다.

주일학교와 청소년들에게 우선순위를

교회 장학프로그램이 진정 다음세대 양성의 가장 중요한 대안이 되기 위해서는 장학프로그램을 담임목사나 당회의 직속위원회로 격상시켜야 한다. 그리고 장학프로그램에 우선순위를 부여하고, 중요한 이슈가 생기면 바로 최고 결정권자와 소통할 수 있는 통로를 만들어야 한다. 교회 최고 리더십의 관심이 없이는 교회 내 장학프로그램은 성공할 수 없다. 그만큼 교회가 다음세대 인재 양성에 시간과 마음의 우선순위를 두어야 한다.

내가 신학교에 입학하던 무렵 서울 용산구의 어느 교회에서 잠시 고등부 전도사로 일한 적이 있다. 그 교회는 주일학교 교육을 강조하면서도 예산 지원에는 매우 인색했다. 한번은 한 해 예산을 보니 주일학교 모든 부서의 일 년 예산을 합한 것이 교회의 성가대 예산보다도 적었다. 그래서 나는 평소 주일학교 교육에 신경을 많이 쓰던 교육위원장 장로에게 교육부 예산을 늘려달라고 몇 번이나 요청했다. 그러나 그 제안은 담임목사의 결정에 가로막혔고 예산 증액은 내가 교회를 떠날 때까지 결코 이루어지지 않았다. 다음세대 양성은 'status quo', 즉 지금 현재 상태를 무리 없이 유지하는 것으로는 절대 이루어질 수 없다. 그리고 설교단에서 가끔 외친다고 해서, 성도들이 기도만 한다고 해서 이루어지는 것이 아니다. 구체적인 결단과 실천의 용기가 없으면 결코 이루어질 수 없다.

예나 지금이나 많은 교회의 상황이 거의 비슷하다. 도대체 다음세대를 외치는 사람들이 왜 주일학교에 우선순위를 두지 않을까? 왜 장기적인 관점에서 교육에 투자하지 않을까? 장년부 성도를 전도하기 위한 열정의 절반만이라도 온 교회가 나서서 다음세대를 키우는 일에 쏟아부으면 안될까? 주일학교 학생은 헌금을 크게 하지도 않고 당장 교회에 큰 유익을 주지 않는다고 우선순위에서 밀려서는 안 된다. 주는 밥만 먹고 매달 적지 않은 돈을 학원비로 쓰는 아들딸이 집에 경제적 기여를 하지 않는다고 우리가 자녀를 등한시하겠는가. 주일학교 부서는 대부분 목회를 처음 배우는 전도사나 목사가 맡는 것도 이제는 바뀔 때가 되었다. 일 년에 여름과 겨울에 하는 수련회 중심이 아니라 일 년 내내 신경을 쓰면서 사람을 키우는데 좀 더 주의를 기울일 때다. 아니, 그럴 때가 한참이나 지나 버렸다.

담당자들에 대한 정당한 지원과 존경을

교회가 다음세대를 진정으로 염려한다면 담당 교역자나 교회 직분자들의 자원봉사에 맡기지 말고 예산을 세워 수고의 대가를 정당하게 지급해야 한다. 주일학교는 부교역자나 선생의 재능기부 기관이 아니다. 사회에서는 고급인재를 영입하기 위해 천문학적인 재정도 아까워하지 않는다. 교회 전체의 재정이 빈약하다면 일정 기간 봉사자들의 수고를 양해할 수 있지만, 중요한 것은 주일학교 담당자들의 수고를 정당하게 인정하고 예산을 아까워하지 말아야 한다는 점이다. 요즘 사용하는 말로 교회 안의 열정페이는 이제 그만두어야 한다. 교회는 사회랑 다르다는 '라떼' 같은 이야기는 하지 말자. 다음세대 인재 양성을 책임질 담당자에게 최대한의 지원을 공정하게 해야 한다. 장학생들이 그를 보고 따라올 것이기 때문이다.

이것은 교회 내 다양한 부서를 섬기는 직분자들도 마찬가지다. 자기의 귀한 시간을 내어 봉사하는 것도 모자라 암묵적인 재정의 헌신을 요구하는 것도 이제는 바꿔야 한다. 종종 설교하러 교회에 방문하면 그런 이야기를 듣는다.

"아, 이 프로그램과 저 장비는 어떤 장로님, 어떤 집사님이 개인 사비로 다 헌신하신 거예요. 교회 예산은 하나도 들어가지 않았고요."

물론 성도들의 적극적인 헌신을 자랑삼아 하신 은혜로운 이야기다. 하지만 교회의 헌금은 그런 일을 위해 사용하라고 하는 것이고, 개인들의 헌금 역시 교회의 공식 경로를 통해 드리고 공식적이고 명분 있는 과정을 거쳐서 사용하면 더 낫지 않을까. 열정페이를 금지할 뿐만 아니라 헌신하는 선생들과 직분자들의 노고도 진심으로 존중해 줄 필요가 있다.

(4) 같이 공부하자

그러면 우리가 다음세대 양성을 위해 10년에 걸친 장기계획을 어떻게 세우고 실천해 나갈 수 있을까? 한국 교회는 세계 어느 나라와 비교할 수 없을 정도로 봉사와 구제, 국내 전도와 해외선교에 열심이다. 성경공부와 제자훈련도 이렇게 열심히 하는 나라가 많지 않다. 그러나 상대적으로 빈약한 부분이 바로 교육 부분, 그것도 장기적인 목표를 갖고 행하는 교회 교육이다. 우리는 죽을 때까지 배워야 한다는 말을 종종 듣는다. 기본교육을 받은 후에도 분야마다 계속 교육의 기회를 가지며, 발전하는 사회에 발맞추어 필요한 지식을 새롭게 배운다. 기독교 인물 양성을 위해서도 리더나 장학생이, 부모와 청소년들이 동일하게 지속적으로 학습할 필요가 있다. 아래에 제시한 예는 위에서 언급한 통합적인 연계형 교육 프로그램의 일환으로 만들어 진행해 보면 훨씬 더 효과적일 수 있다.

무엇을 공부할 것인가?

10년이라는 장기적인 인재 양성 프로그램을 계획하면서 다음과 같은 4가지 범주로 구체적인 교육계획을 만들어 보자.

첫째, 성경공부

둘째, 2천 년 세계 기독교 역사에 등장한 인물과 신조와 사건

셋째, 한국 기독교

넷째, 현대사회의 다양한 주제들

물론 네 가지 중에 하나라도 제대로 하려면 시간이 부족하다. 어쩌면 신학교에서도 시도하기 쉽지 않을 수 있다. 하지만 내가 여기서 강조하는 것은 지식과 정보의 양이 아니다. 그렇다고 기존 공교육이나 사교육을 대체하려는 의도도 없다. 세부적인 내용을 달달 암기하거나 시험으로 평가하자는 말도 당연히 아니다. 청소년기부터 균형 잡힌 인식의 틀, 즉 올바른 세계관을 세워주고, 청소년들이 성장함에 따라 자기 주도적 신앙생활을 할 수 있는 핵심적 토대를 형성해주자는 것이다.

첫째, 성경 교육은 한국 교회가 충실히 하고 있다고 생각한다. 다만 성경에 대한 문자적 해석에 너무 얽매이지 말고

성경과 신앙의 전체성을 이해하는데 좀 더 노력을 기울이면 좋겠다. 청소년들이 읽을 만한 대안적 성경 번역들을 좀 더 적극적으로 활용할 필요가 있다. 예를 들어 현대어성경, 쉬운성경, 메시지성경은 초등학교 학생들도 쉽게 이해할 수 있다. 어른들도 읽기 힘들어하는 한문체와 고어 가득한 성경책을 강조하는 대신에 생성형 인공지능과 AI 기술을 접목해 아이들이 스스로 성경을 학습하도록 도와주는 것도 중요하다.

둘째로 2천 년 세계 기독교 역사에 등장한 인물과 사건과 신조를 교육할 기회로 삼으면 좋다. 이 과정을 통해 개교회는 자신이 속한 교단의 특징을 교육할 수 있다. 각자가 속해 있는 교단의 역사와 신조를 한글로 해석된 원문을 통해 진지하게 접하게 해 주어도 좋다. 개개인이 자신에게 맞는 큰 바위 인물을 기독교라는 넓은 바다에서 찾아낼 수도 있다. 격의 없는 토론과 질문이 이 과정에 함께 어우러진다면 더 좋을 것이다.

셋째로 청년들에게 반드시 우리 민족의 기독교를 가르치면 좋겠다. 한국 기독교와 신학은 아직도 외세 지향적 성향이 매우 강하다. 보수 성향이 강한 기독교인일수록 외국 신학과 교리를 추종하고 우리의 것을 경시하는 경향이 있다. 치즈 대신에 김치의 맛을 재발견할 필요가 있다. 이제 한국 기독교의 장단점을 냉철하고 객관적으로 살펴보고 한국 기독교가 세계 기독교와 동등하게 자리하고 기여할 방법과 기회를 찾아야 한다. 다른 분야에 비해 걸음이 느린 한국 기독교의 한류는 한국 기독교인으로서의 자기 정체성을 분명히 찾지 않고서는 더딜 것이다.

어떻게 시간을 만들 것인가?

10년 계획의 단계별 교회 교육을 위한 시간을 어떻게 만들어 낼 수 있을까? 나는 주일학교 교육 전문가가 아니지만, 큰 틀에서 주일학교와 교회의 통합적인 인재 양성 프로그램을 결합할 수 있는 안을 몇 가지 나누고자 한다.

주일학교 시간의 효율화

청소년기 주일학교 학생들이 청장년을 위한 주일의 공적 예배를 같이 드리는 교회가 늘고 있다. 어떤 교회는 설교를 시작하기 전까지 어른들과 학생들이 같이 예배를 드리고, 설교를 시작할 무렵에 주일학교 학생을 위한 간단한 메시지를 전하는 경우도 있다. 그것도 좋지만, 주일의 공적 예배를 어린아이들부터 어른에 이르기까지 같이 드리는 것이 더 좋다. 아이들도 충분히 예배의 흐름과 말씀을 따라갈 수 있다. 그리고 주일예배를 전체가 같이 드리면, 주일학교 부서는 나머지 시간을 보다 효율적으로 보낼 수 있다.

어른들과 함께 예배를 드리기 전후에 단계별 교육 프로그램을 진행하면 어떨까? 부서 간, 혹은 주제별로 매 주일 한 시간 반 정도 정해진 주제로 지속적인 교육 시간을 갖는다면 참 많은 것을 이룰 수 있다. 교회학교를 꼭 연령대별로 획일적으로 나눌 필요도 없다. 아이마다 관심의 정도가 다르고, 이해력이 다르고, 추구하는 바가 다르다. 그래서 주일학교를 주제별로 편성하는 것도 좋다. 요즘 대학들도 저학년 때는 자율전공 학기를 가능한 한 많이 편성해서 학생들이 실제로 좋아하고 적성에 맞는 전공을 찾아가도록 돕는다. 교회에서도 이런 방법을 사용해 보면 어떨까. 대학에서 사용하는 학기제나 계절학기제처럼 3개월에서 6개월 기간으로 각각의 주제를 정하고 학생들이 참여하게 하는 것도 좋다. 1년을 절반으로 나누어 6개월 정도는 단계별 모임을 하고, 6개월 정도는 주제별 모임을 해도 좋다. 가끔 새로운 구도로 학생들에게 약간의 긴장감을 불어넣어도 교육상 좋기 때문이다.

주일예배를 마치고 한 달에 한 번, 혹은 계절별로 한 번 정도 인근 지역의 기독교 유산을 찾아 나서도 좋다. 교회에서 점심을 먹고 나서 한나절 정도 시간을 내어 인근 지역의 신앙과 역사유산을 찾아 나서는 것을 아이들도 좋아할 것이다. 현장의 마룻바닥이나 잔디밭이나 계단에 풀썩 주저앉아 학생들의 고민과 꿈을 들어주고 나누는 것도 의미 있다. 그리고 저녁 시간엔 맛있는 식사를 같이하고 집으로 돌아가는 일정도 좋다. 다 성장한 학생들을 교회라는 물리적인 울타리 안에 굳이 묶어둘 필요는 없다. 교회는 청소년들에게 정신과 신앙의 주춧돌, 언제든지 다시 돌아갈 수 있는 어머니의 품 같은 역할만 하면 되지 않을까? 젊은 시절 대양에서 뛰놀다가 다시 돌아오는 연어처럼 말이다.

일 년에 한번은 주일과 휴일을 끼고 1박 2일, 혹은 2박 3일 좀 멀리 순례여행을 떠나면 어떨까? 이런 시간적 배치는 바쁜 청소년기 학생들이 시간을 보다 효율적으로 사용하게 해준다. 이때 주일예배 한 번 정도 순례 현장에서 드리게 하자. 그리고 현장에서 주님을 생각하고, 민족과 역사를 느끼게 하자. 이 시간에 한두 번 정도 특정한 주제의 강연을 삽입해도 좋다. 기독교인으로 어떻게 살 것인지, 또는 장래 자신의 적성을 고르는데 어떤 준비를 할 것인지 같은 청소년들이 관심을 가질만한 주제를 정해 가볍게 외부 강사를 모셔도 좋다. 한번 기회를 만드는 김에 청소년들에게 잊지 못할 시간을 마련해 주면 어떨까? 교회는 예산을 아끼지 말고 청소년들을 잘 먹이고, 마음껏 소리를 지르게 하자. 여름과 겨울에 교회나 기도원에 짐을 풀고 하는 수련회 못지않게 큰 은혜가 마음속까지 내려갈 것이다.

토요일과 주일을 활용한 주말학교

주일학교 시간을 효율적으로 활용하는 것은 교회 내의 모든 학생을 일차적인 대상으로 한다. 그런데 그중에 한 단계 고품격 프로그램을 원하는 경우가 종종 있다. 고마운 일이다. 그러면 토요일이나 주일을 활용한 일종의 주말학교를 만들어 보는 것은 어떨까. 학생들이 월요일부터 학교에 나가는 상황을 고려하면 토요일이 좋고, 토요일까지 학원 일정을 생각하면 주일 오후 시간대도 현실적으로 좋다.

주말학교 시간을 계획할 때도 학생들의 학교 일정표를 고려해 주면 좋다. 중학생부터 대학생에 이르는 학생들은 1년이 중간고사와 기말고사를 중심으로 구성된다. 4월 말에서 5월 초, 6월 말에서 7월 초, 9월 말에서 10월 초, 12월에는 거의 모든 학생이 시험에 몰두한다. 공부에 관심이 없는 학생들도 부담만은 여전하다. 이런 상황을 고려할 때 가장 효과적인 시간은 1월과 2월에 8주에서 10주, 1학기 기말고사가 끝나는 7월 중순부터 8월 말까지 8주 정도 계획해도 좋다. 교회 상황에 따라 8주에서 10주 내외의 프로그램을 1년에 1~2회 실시할 수 있다.

그러면 시간대를 어떻게 잡을까? 토요일 오후 혹은 저녁 시간대나, 주일 점심 이후 오후 시간대가 좋다. 한번 모임 시간은 4~5시간 내외가 적당하다. 물론 이 중 한 시간은 식사 시간이다. 청소년들이 가장 좋아하고 기억에 남는 것이 먹는 시간이기 때문이다. 쌀독에서 인심이 나올 뿐만 아니라 크게 입을 벌려 먹는 데서 아이들의 마음이 열린다. 보통 모든 교회가 주일 점심 식탁 교제를 위해 온 정성을 쏟는다. 자라나는 우리 청소년들에게 그런 열심을 충분히 보여줄 수 있다. 토요일 오후에 4시간 정도 프로그램을 진행하고 한 시간 정도 식사를 하고 마쳐도 좋고, 식사를 먼저 하고 저녁에 교육 프로그램을 진행해도 좋다. 주일 오후에 시간을 확보할 경우 점심식사를 교회에서 하든지 아니면 프로그램 안에서 학생들만 따로 해도 좋다. 주일 저녁에는 아이들의 마음이 벌써 분주해진다. 다음날부터 시작될 학교와 공부 준비에 마음이 바빠지기 때문이다.

매 모임의 교육 시간을 너무 길게 잡는 것은 효과적이지 않다. 사실 8주 과정에 매주 4시간은 적지 않은 시간이다. 일 년에 2회 교육에 참여하고 그런 알찬 교육이 3년에서 10년에 걸쳐 누적된다면 청소년 각자의 삶에 엄청난 신앙적 영향을 끼칠 수 있다. 그것도 매시간 세밀하게 준비해 수준 높은 교육을 할 수 있다면 얼마나 좋을까. 8주 교육을 단 한 번 시행한다면 하고 싶은 것을 그 안에 다 끼워 넣어야 하지

만, 3년에서 10년이라는 긴 기간을 연속되게 계획한다면 좀
더 여유를 갖고 청소년들을 교육할 수 있다.

국내외 역사탐방, 현장을 찾아 나서게 하자

교회 주말학교를 안정적으로 활용할 수 있다면, 현재 교회
가 진행하는 여름수련회나 겨울수련회를 정규적인 주말학
교에 포함해도 좋다. 대신에 1년에 한 번은 국내의 가까운
곳에 현장학습, 또는 역사탐방이라는 이름으로 순례여행을
떠나면 어떨까. 우리가 사는 인근 지역부터 시작해 매번 좀
더 먼 곳으로, 그래서 10년이면 어지간한 국내의 대표적인
기독교 유적지를 다 돌아볼 기회를 만들 수 있다. 이때 또래
그룹별로 유대감을 강화하고 개인이 생각하고 느낄 수 있는
또 다른 차원의 성장 기회를 가질 수 있다.

3년에 한 번은 좀 더 먼 곳으로 순례여행을 떠나도록 해
보자. 부서의 한 단계를 마칠 때마다 일본이나 유럽이나 예
루살렘이나 기독교 신앙에 의미 있는 곳을 찾아 나서는 기
회와 상황을 교회 차원에서 만들면 좋다. 예를 들어 초등학
교 4학년부터 중학교 1학년까지 교육을 마치고서는 유럽이
나 이스라엘 순례, 고등학교 기간에는 일본이나 중국의 기
독교 유적지를 살펴봐도 좋다. 저학년일수록 이동 거리가
먼 장거리계획을 하는 것이 현실적이다. 초등 고학년과 중

학교 1학년의 경우, 스페인 북부의 산티에고 순례길을 일주일 정도 걸어도 좋다. 청소년들이 전체 길이 약 800 킬로의 거리를 30일 정도 걸려 걷는 것은 현실적으로 불가능하지만, 차로 이동하면서 중요한 지점을 일주일 정도 걸어도 그 자체가 인생에서 잊을 수 없는 경험이 될 것이다.

학생들이 교회와 관련된 해외 선교지를 방문하는 단기선교가 한국 교회 문화로 자리 잡고 있다. 물론 이 기회를 통해 자신의 신앙을 재발견하고 선교 의지를 다지는 것도 좋다. 하지만 이런 선교여행과 우리가 의도한 순례여행은 목적이 조금 다를 수 있다. 선교지는 일반적으로 기독교가 이제 전파되기 시작하는 곳이고, 소득 수준이나 문화적 발달도 우리와 비교해서 상대적으로 미약하다. 반면에 기독교 유적지를 대상으로 하는 순례여행은 보다 긴 역사를 지닌 곳이고, 오랜 세월 기독교의 다층적 문화를 발전시켜 온 곳이다. 느낌과 생각과 문제 제기의 차원이 다를 수 있다.

청소년들의 장거리 순례여행에 교회의 재정 협조는 필수적이다. 개인적인 재정 상황과 가정 상황이 다르기 때문에 교회가 기본 소요 재정은 모두 공식적으로 지원해주면 좋다. 3년에서 5년간의 교육을 잘 마친 아이들에게 교회가 경비를 모두 지원해서, 집안 형편과 상관없이 동등한 기회를 부여하는 것도 성경적이다. 교회의 소중한 인적 자원에게 역사탐방이나 순례여행 명목으로 장학금을 지원해 보자. 20년에서 30년마다 한 번씩 몇억, 몇십억, 혹은 몇백억 원의 재정을 들여 각종 교회 관련 건축도 하는데, 교회의 진짜 건축인 사람을 위해 이 정도는 투자할 수 있지 않을까. 30년 후에 또 적지 않은 예산을 들여 리모델링이나 신규 건축을 하는 것도 필요하지만, 청소년기에 한 번 정도 교회와 하나님의 깊은 사랑을 겪게 하면 더 좋지 않겠는가.

우리가 탐방하고자 하는 역사적 현장의 가치는 아무리 강조해도 지나치지 않다. 진정한 교육은 내가 많이 안다고 많이 설명해 주는 것이 아니다. 좋은 지도자는 맥과 방향을 잡아주는 사람이고, 현명한 학생은 선생이 잡아준 핵심 가르침을 주춧돌 삼아 스스로 느끼고 성장해가는 사람이다. 선생의 몫은 그런 학생들을 의미 있는 '그 자리'까지 안내하고, 학생이 '그 자리'에서 나이테처럼 축적된 힘과 의미와 가치를 깨닫게 해 주는 것이다. '그 자리'에서 만난 예수, 역사의 무게, 기억의 재탄생, 가슴의 설렘과 역동성은 순진한 청소년을 한 시대의 인물로 만들어줄 것이다.

세계관 확장을 위한 추가적인 강의들

주말학교는 한 번에 최소 8주, 1년에 2회, 3년이면 6회, 10년이면 20회의 참 소중한 기회다. 교육 전문가들이 초, 중,

고등학교 커리큘럼을 구성하듯이, 리더십과 위원회는 다음 세대 희망인 학생들을 위해 최선을 다해 교육 프로그램을 짜야 한다. 일반 초중고, 특히 사립학교나 자립형 사립학교는 많은 시간과 재정을 투자해 학생들을 위한 최상의 커리큘럼을 정립한다. 커리큘럼을 세우는 일은 교회를 건축하는 것보다 중요하다. 이제 한국 교회도 그랬으면 좋겠다. 총회에서 만들어낸 교육 교재뿐만 아니라 개별교회에 맞는 특화된 프로그램을 개발해보자. 현재 교회 내 성도들의 인적 자원의 수준을 생각하면 충분히 가능하지 않을까? 담당자들이 신앙과 이성에 기초해 치열하게 거시적이고 미시적인 커리큘럼을 만들고, 위원회나 당회에 보고하고, 기도하고 논의하면서 개교회가 만들어낼 수 있는 최고의 커리큘럼을 만들어낼 수 있지 않는가?

이런 프로그램에는 성경 교육에서 시작해 교단의 신조와 고백, 교회 생활의 기초 등이 당연히 포함될 것이다. 여기서는 현재 우리 한국 교회가 약한 두 가지를 특별히 강조하고 싶다. 첫째는 기독 인문학 강의, 둘째 현대사회의 제반 이슈를 다룰 전문가 강의와 토론의 기회다.

기독 인문학 강의

기독 인문학 강의는 청소년들의 사고능력을 증진하는 매우 중요한 방법이다. 가깝게는 성경 한 권 한 권을 인문학적 방법으로 접근해도 좋고, 기독교인의 작품이나 기독교적인 의식으로 쓰인 위대한 고전을 같이 읽고 토론해도 좋다. 미국 학교에서 종종 성경을 셰익스피어의 작품이나 엘리어트의 작품처럼 하나의 문학작품으로 교육하기도 한다. 청소년 시기에 성경을 믿음과 암송의 대상으로 삼는 것 못지않게 성경을 문학작품으로 이해하는 색다른 경험을 해 봐도 좋다.

지난 2천 년 기독교 역사에 고전 명작이 얼마나 많은가. 아우구스티누스의 『고백록』뿐만 아니라 레프 톨스토이(Lev N. Tolstoy, 1828~1910)의 명작, 클리브 루이스의 작품도 좋다. 미국의 학교에서는 중학교 1학년들이 루이스의 『나니아 연대기』를 가지고 에세이 수업을 하는 경우가 많다. 우리에게도 손양원의 『사랑의 원자탄』이나 안이숙의 『죽으면 죽으리다』 같은 작품뿐만 아니라 기독교적 세계관이 깊게 배인 근대개화기 소설 등 탁월한 인문학적 교재가 많다.

현재 사회의 제반 이슈

주말학교 교과과정에 현대사회의 제반 문제를 다루는 강의를 포함해 보자. 신앙의 진리를 주춧돌로 지켜나가면서 날마다 다양한 현대 문화를 어떻게 기독교적인 관점에서 이해할 것인가를 청소년기부터 생각하는 기회를 만들어 줄 필요가 있다. 스코필드 장학생들을 대상으로 우리는 정치, 법률, 천문학뿐만 아니라 다문화와 사회 소외계층에 이르는 다양한 분야 전문가의 강의를 들려주고 현장을 찾으며 그들의 시각을 넓혀주기 위해 노력했다. 그리고 그 모든 활동을 스코필드 정신, 예수 정신으로 연결하고자 했다. 이런 시도가 지금 당장 눈에 보이는 결과를 만들어내지 못해도 청소년기 학생들이 세계관을 형성해 가는데 매우 중요한 요소라는 것은 말할 필요도 없다.

기독 인문학 강의와 사회의 제반 문제를 다루는 강의는 몇 가지 면에서 도움이 된다.

첫째, 과도하게 교리화되어 있는 한국 기독교인의 인식과 삶의 지평을 넓혀줄 것이다. 신앙이 좋다는 말이 세상에 문을 닫고 오직 예수로 산다는 것을 의미하지는 않는다. 오직 예수로 산다는 정신이 중요한 것이지 신앙을 이유로 사회에 대해 폐쇄적이고 확증편향적 삶을 추구하는 것이 좋다는 의미는 아니다. 요즘 기독교 역사를 이야기할 때 예전처럼 교리의 역사를 가르치는 것이 아니라 기독교와 관련된 다양한 주제를 가르친다. 그런 차원에서 이런 강의는 우리의 합집합적 영역을 확대해 주면서, 내가 가진 신앙의 가치를 더욱 깊이 발견하게 해 줄 것이다.

둘째, 이런 강의는 홈스쿨이나 대안학교 교육에 더 큰 도움을 줄 것이다. 홈스쿨이나 대안학교는 공교육의 필수적인 교과목을 일정 부분 따라갈 수밖에 없다. 그러면서도 원래 의도한 기독교적 교육을 동반해야 한다. 이런 면에서 홈스쿨이나 대안학교는 교회학교와 사회의 공적 교육기관의 중간 지점에 서 있다고 볼 수 있다. 그렇다면 당연히 성경과 신앙의 주제들이 삶의 제반 영역과 어떻게 연결되어야 하는지, 우리가 어떤 자세로 삶의 다양한 분야를 이해하고 해석하고 살아야 하는지를 다뤄야 한다. 이런 강의가 축적되면 보다 내실 있는 기독교 교육뿐만 아니라 교회 교육을 진행할 수 있을 것이다.

(5) 순례영성으로 다시 찾는 자신과 하나님의 얼굴

부모나 선배세대가 할 수 있는 가장 중요한 일은 우리가 먼저 본을 보이고 그 길을 살아가는 것이다. 그리고 그 본을 보이기 위해 수십 년 동안 내 몸에 쌓인 죄의 먼지와 때를 성령의 불로 정결케 하는 것이다. 앞선 사람의 발걸음이 그만큼 중요하기 때문이다. 어머니의 하나님이 내 하나님이었듯이, 부모로서 선배로서 우리가 주께 바쳐야 하는 마지막 믿음의 제사와 헌신이 필요하다.

답설야중거(踏雪野中去), 눈 덮인 들판을 걸어갈 때는

불수호란행(不須胡亂行), 함부로 어지러이 걷지 마라

금일아행적(今日我行跡), 오늘 내가 걷는 이 길은

수작후인정(遂作後人程), 마침내 뒷사람들의 이정표가 되리니

내가 좋아하고 종종 성도들과 함께 나누는 구절이다. 이 시는 원래 조선 시대 이양연(1771~1853)이 썼다. 김구 선생은 1949년 3월 26일에 손양원 목사를 만나 이 구절을 써서 선물로 주었다. 예수의 이름으로 선한 본을 보이며 살아온 손양원 목사에게 자신이 평소 즐기던 시를 마음에 담아 써 준 것이다. 백범 김구가 암살당하기 3개월 전이었다.

순례길에서 다시 묻는 인생과 신앙

자녀들에게 먼저 본을 보이고, 복음의 작은 귀퉁이라도 붙들고 살아가려고 애쓰고, 내가 다시 한번 삶을 정결하게 하는데 보다 효율적인 방법이 무엇일까? 오랫동안 역사와 신앙 유적지를 살펴본 나는 자신 있게 순례길을 떠나라고 권면하고 싶다. 자신을 되돌아보고, 새롭게 하고, 여태 보지 못한 의미를 발견하는 영적인 여행 말이다. 2017년 한국 전역의 기독교 신앙 유적지 410곳을 50개의 벨트로 나누어 안내한 『한국 기독교 성지순례 50벨트』라는 책은 이런 목적을

위해 만들어졌다. 순례는 불순물을 제거하고 순수함을 찾는 여행이다. 순수한 것이 귀하고 힘이 세다. 불순물이 남아 있으면 농기계를 쉽게 망가트리는 것과 같다.

순례란 순교와 기적 같은 하나님의 특별한 은총이 내려진 역사적이고 신앙적인 유적지를 방문하며 삶을 되돌아보는 영적인 여행이다. 기독교는 오랫동안 순례의 중요성을 강조해왔다. 마을 가까이 있는 신앙 유적지뿐만 아니라 기독교권의 세계 3대 유적지라 칭송받는 이탈리아의 로마와 이스라엘의 예루살렘과 스페인의 산티아고의 콤포스텔라는 지금도 전 세계에서 수많은 순례객의 발걸음을 끌어들인다.

오랜 시간과 재정이 들어가는 순례길을 찾아 나서는 데는 다양한 이유가 있다. 좀 더 깊은 영성을 추구하기 위해서, 개인의 잘못을 반성하거나 교회가 내린 처벌에 답하기 위해, 평생 한 번은 가고 싶은 버킷리스트를 실행하는 이유로 먼길을 떠난다. 어떤 이유로 순례길을 시작하든지 간에 순례지의 최종 목적지 현장에서 느끼는 감격과 도전은 개개인의 삶에 깊이 각인된다.

순례를 떠나는 순간부터, 가는 길 위에서 순례자는 이미 자신의 삶을 회고하고 반성하고 새로운 꿈을 꾸고 마음의 자세를 가다듬기 시작한다. 때론 마른 손수건 하나 집어 들고 가기도 벅찬 길에서 우리는 버림과 정결함의 미학을 깨닫는다. 순례는 자신을 정화하는 최고의 방법이고, 예수가 강조한 '길 위'의 영성을 느끼는 좋은 방법이다.

'네 가족과 집을 떠나.'

이는 익숙함과 안락함과 편안함을 떠나라는 말이다. 지금 거하는 곳을 영원히 떠나는 것을 의미할 수도 있고, 편안하게 안착해 있는 지금 이곳을 가끔 떠나 보는 것을 뜻할 수도 있다. 한국 가톨릭 교회는 1년에 몇 차례 주일에 순례지를 방문하는 길 위의 영성을 강조한다. 반면에 개신교는 주일성수를 문자 그대로 자신이 속한 교회에 적용하는 경우가 많다. 하지만 1년에 한 두 차례 개교회 성도들에게 주일날 제한구역을 풀어주는 것이 더 역동적인 교회를 만드는 데 도움을 주지 않을까. 부서나 셀 별로 한 달에 한 번 정도 돌아가면서 주일에 순례 현장을 찾고 그곳에서 예배를 드리는 교회 교육 프로그램으로 정착시키면 어떨까. 성도들의 한정된 시간을 생각하면 매우 효율적인 방법일 것이다.

1년에 한 번씩 집 떠나 보기

각자가 어떤 상황에 처해 있든지 종종 익숙한 집을 떠나 순례길을 떠나는 것이 필요하다. 낯섦은 때론 기대와 설렘을 주며, 삶에 새로운 역동성을 공급해 준다.

첫 아이를 낳고 분주하게 지내는 아내에게 내가 살며시

말을 건넸다.

"여보, 내가 애를 잠시 볼 테니 2박 3일 정도 강원도 예수원에나 한번 갔다 오지?"

아내는 그렇게 모든 것을 잠시 잊어버리고, 기차와 대중교통을 이용해 예수원에 갔다 왔다. 서울에서 먼 길이지만 오가는 길에 자연을 보고 자신을 돌아보고 신을 볼 수 있겠다는 생각을 했다. 아니 다른 것을 보지 않더라도 멍하게 갔다 오는 것도 삶에 유익할 것 같았다. 멍때리기보다 더 좋은 자기 충전의 시간은 없다.

우리도 그렇게 일 년에 한 번씩 떠나 보면 어떨까? 가족이나 부부끼리, 혹은 혼자라도 자리를 박차고 나서보자. 침묵으로 혼자 혹은 가족끼리 내면을 돌아보는 여행도 좋다. 더불어 교회 내의 부서끼리 순례여행을 하는 것도 나름대로 운치와 의미가 있다. 가능하다면 48시간 정도의 일정으로 순례길을 떠나는 것도 좋다. 감사하게도 우리나라 어디를 가든지 잠시 찾아 묵상할 곳은 지천으로 널려있다. 아침에 일어나 저녁 잠자리에 드는 온전한 하루를 그곳 순례 현장에서 보내는 것이 효과가 좋다. 저녁 즈음 현장에 도착해 저녁을 먹고 쉬면서 일정을 시작해 다음 날은 온전히 자신만의 시간을 보내고 그 다음날 돌아오는 것도 이상적인 일정이다.

나는 종종 순례팀을 이끌고 문준경 전도사의 신앙이 서려 있는 전라남도 신안군 증도에 들른다. 숙소에 짐을 풀고 우리는 저녁 늦게 문준경 전도사의 순교지 앞쪽에 있는 짱뚱어다리를 거닐며 찬송을 함께 하곤 했다. 짱뚱어다리 중간에 20~30여 명이 앉을 수 있는 쉼터가 있고, 다리 끝 모래사장에 모여 시간 가는 줄 모르고 찬송하고 기도하고, 각자의 삶을 되돌아보는 시간을 갖는다.

하지만 바쁜 일상에 그렇게 48시간의 시간을 내는 것도 생각보다 쉽지 않다. 그래서 내가 생각한 것이 24시간의 미니 순례여행이다. 한번은 부산 호산나교회 장로 부부들과 24시간 순례-수련회를 한 적이 있다. 금요일 저녁에 교회에서 출발해 저녁 식사를 하고 손양원 목사 생가기념관을 들렀다. 그리고 숙소로 이동해 이야기꽃을 피우며 하루를 마감했다. 아침에는 유진소 담임목사가 아침묵상을 인도했고, 식사 후 우리는 대구와 경상도 몇몇 지역을 돌아보고 토요일 저녁 식사 즈음에 교회로 돌아와 일정을 마쳤다. 만 24시간 일정이었다.

잘 짜인 내용에 좋은 안내자와 함께하는 여행

나는 종종 교회가 순례여행을 기획하는 단계에서 순례 영성을 주제로 강의나 설교를 한다. 순례가 주는 삶의 변화가 너무 강력하기 때문이다. 이전에는 교회에서 며칠씩 사경회를 진행하고 이어 1박 2일, 혹은 2박 3일 일정으로 순례여행을 안내하기도 했다. 심지어 유럽의 수도원 영성과 종교 개혁지를 묶어 안내를 한 적도 있다.

순례여행에서 가장 중요한 것은 순례여행의 의도에 맞게 일정과 내용을 잘 준비하는 것이다. 한 개인의 시간도 중요하지만 참가자들의 시간을 모두 합하면 엄청난 시간을 투입하는 여행이기 때문이다. 이러한 준비과정에서 책과 전문가의 도움을 받는 것이 효율적이다. 다양한 책과 인터넷 자료들은 가고자 하는 곳에 대한 정보를 충분히 제공한다. 개별 장소의 역사와 기독교적인 해석을 위해서는 외국어로 된 비디오 클립도 적지 않다. 외국어가 편하지 않더라도 캡션 기능을 사용하면 무난하게 준비할 수 있다. 다만 전체 큰 그림을 그리는 작업은 그 분야의 전문가를 초대해 설명을 듣는 것이 좋다. 전문가의 말 한마디가 전체 일정의 의미를 획기적으로 바꿀 수 있고, 큰 일정을 하나의 이야기로 엮어내는 데 도움이 되기 때문이다. 이제는 며칠 동안 어디 어디를 찍었다는 땅 밟기와 사진 찍기 일정이 아니라, 현장이 갖는 역사적인 의미와 영적인 적용까지 같이 풀어내는 한 단계 높은 순례여행을 할 때이다.

영적인 순례는 강력한 에너지를 제공한다. 내가 처음 만났던 하나님을 상기시켜 주고, 살다가 비틀어진 인생의 방향을 바로잡아 주고, 남은 인생을 다시 힘차게 살아갈 동력을 준다. 덤으로 그제야 사랑하는 아내와 남편이, 자녀들이 내 눈에 새롭게 들어온다. 그때 우리가 양성하고자 하는 청소년들이 희망으로 솟아오른다. 사람은 사람이 키우고, 사람은 신앙과 마음으로 키우기 때문이다.

뒷밭 영성의 마음 기도

밀린 숙제를 마치며

2024년 여름, 우리는 자본주의의 편리함과 풍요로움을 끝없이 꿈꾸던 인류에 대한 자연의 대반격을 생생하게 목격했다. 6월의 극심한 가뭄에 이어 7월 한 달은 비가 억수로 왔다. 우리 농장에도 피해가 있었다. 태양의 일조량이 부족해서 농작물은 제대로 성장하지 못했고, 애플수박이나 토마토는 물기가 많아 뿌리가 썩고 열매가 터져 버렸다. 그러다 8월은 다시 엄청난 더위와 함께 가뭄이 한참이나 지속되었다.

2004년 설립한 키아츠의 20주년을 맞이한 올해, 나는 삶을 정리하는 기회를 가졌다. 일터를 정리하고, 연구주제를 추스르고, 마음도 새롭게 가다듬었다. 그리고 다음세대 양성에 대한 내 경험을 정리해 출간하는 일도 중요한 계획 중의 하나였다.

'이번은 꼭 끝내야지.'

지난 10여 년간 몇 번이나 그렇게 다짐하면서도 매번 다음으로 연기했다. 그런데 이번에는 더는 늦출 수 없다고 생각했다. 이를 악물고 8월 한 달 동안 지난 경험들을 정리했다. 더불어 내가 왜 매번 이런 작업을 늦추었는지 이유도 발견했다.

"이것은 단순히 인물 양성의 경험만이 아니라 내 삶의 고백이었구나. 그런데 정작 원고 초안을 마치고 나니 별 볼 일 없는 삶의 달음박질이었구나."

지난 25년의 인재 양성 경험이 감동적인 이야기를 많이 품고 있는 줄 알았는데, 글을 마칠 즈음에 보니 대단한 것이 별로 없었다. 대신 순간순간 내가 좀 더 열심히 했더라면 하는 아쉬움만 진하게 남는다. 그래도 지금까지의 일을 정리해 뒤로 넘겨야, 다가올 남은 인생의 한 토막이라도 보다 뜻있게 성실하게 보낼 것 같다. 오래된 숙제, 그래서 여기서 부족하나마 마치게 되었다.

"단지 다른 것들에 대해서 우리 모두는 무지하다."

『톰 소여의 모험』을 쓴 미국 소설가 마크 트웨인(Mark Twain, 1835~1910)은 앎과 무지, 무지와 자신감에 대한 명언을 남겼다. 모든 인간은 자신의 전문 영역을 제외하고 대부분의 다른 영역에 대해서는 무지하다. 하지만 자신감보다 무지가 때론 성공에 도움이 될 때가 많다. 이 책을 읽는 독자들도 내가 쌓아온 작은 상아탑의 편협함과 무지를 너그럽게 봐주기를 기대한다. 특히 내가 만나고 이해해 온 교회가 한국 교회 전체를 대표하지 않는다는 것도 넓은 마음으로 이해해 주기를 바란다. 나의 이 큰 무지가 이 책에서 내가 제안한 자신감의 기초였음을 누구나 알 것이다.

뒷밭 영성-물러나야 할 때 물러나기

우리 농장에는 펜션과 물류창고들을 가운데 두고 앞밭과 뒷밭이 있다. 앞밭에 나가면 바로 이웃 시골 농부들을 볼 수 있고 사람들을 만날 수 있다. 그런데 창고를 지나 뒤로 올라가면 나오는 뒷밭은 오직 나만 이용하는 공간이자 고요함이 그리울 때 내가 찾는 놀이터다. 농사철에는 옥수수와 고추가 자라고 겨울에는 온통 눈으로 뒤덮인다. 그 뒷밭이 내게는 전혀 허무하거나 무의미하지 않다. 오히려 조용히 물러나 느끼는 청정함과 고요함을 내게 가득 선사한다. 그곳에서 바라다보는 산과 하늘은 더 선명하다. 내 삶의 거울이라고 할까.

사람이 나이가 들고 자기 영역에서 나름 정점에 이르렀다고 생각할 때가 그런 뒷밭으로의 물러남을 연습하고 익숙해질 시점이다. 1970년대 이후 한국 교회 부흥과 성장 시기에 등장한 교회 지도자가 가장 못 하는 일이 바로 뒷밭으로 물러나는 것이다. 그 작은 두려움 때문에 은퇴해도 아들이나 가족을 통해 전성기의 달콤함을 조금이라도 더 지속하려 하고 세습 왕국을 만들려고 하는 것이리라.

뒷밭 물러남과 뒷밭 영성.

사람은 관에 못을 박은 후에야 제대로 된 평가를 받는다. 목회자도 신학자도 물러나 봐야 그에 대한 균형 잡힌 평가가 가능하다. 뒷밭 물러남은 자신이 가르쳐온 것을 자신의 행동과 실천을 통해 평가받는 마지막 과정이다. 비로소 그때야 평생 강렬하게 비추고 계셨던 하늘의 태양과 은혜의 광선이 다시금 새롭게 보인다.

물러나는 마당에 우리가 평생 차지했던 자리에 새로운 주역으로 자리할 다음세대를 걱정할 필요도, 잔소리할 필요도, 서운해할 필요도 없다. 이제 그들의 시대요, 넘어지고 실수하더라도 일어서고 고쳐나가는 것도 그들의 몫이요 책임이다. 그런 시행착오 자체가 젊은 세대의 특권 아닌가. 인생이란 그런 것이고 세월이란 그런 것이다.

이런 의미에서 다음세대 양성은 내가 물러날 준비를 하는 과정이다. 나를 포기하지 않고 다음세대를 바라는 것은 이율배반이다. 하지만 뒷밭으로 물러나는 것은 고려장이 아니고 인생을 하직하는 것도 아니다. 젊은 시절에 눈뜨지 못한 삶의 새로운 기쁨과 의미에 빠져드는 과정이다. 태어나던 순간에, 세례를 받던 순간에, 목회자로 직분자로 부름을 받는 순간에 내려온 하늘빛의 은총이 여전히 지금도 비추고 있다는 것을 발견한다. 젊은이는 힘이 있고 노인은 지혜가 있다는 로마인의 속담을 더 절실하게 느끼는 순간이다. 어쩌면 죽음이 문밖에 서성이고 있는 것을 보는 순간 인간은 모세가 시내산에서 하나님의 등허리를 보았던 것보다 더 선명하게 볼 수 있을 것이다.

청소년들에게 최소한의 핵심 기준과 원칙만 심어주기

사람이 나이가 들어가면 잔소리가 늘고 하고 싶은 말이 많아진다. 현역 시절 절제할 줄 알고 시간 감각도 좋았던 목회자도 은퇴 후 마이크를 잡으면 시간이 훌쩍 넘어가도 아랑곳하지 않는다. 다음세대에 관심을 갖는 사람도 대개 바라는 것도 기대하는 바도 많다. 열정이 많은 사람이 하나라도 더 쏟아내고 전해주고 싶은 마음은 이해할 만하다. 하지만 다음세대 양성에 있어 '라떼'세대의 과도한 참견은 금물이다. 다 큰 자녀에게, 특히 결혼해서 가정을 이룬 자녀에게는 하고 싶은 말도 몇 번씩 생각하고 참고 말한다. 다음세대 양성에 있어서도 이런 원칙은 같다. 절제되지 않은 훈계는 잔소리로 들릴 수 있기 때문이다.

우리는 다음 세대에 올바른 삶과 신앙의 원칙을 전해줄 뿐, 자신들의 세계를 어떻게 세우고 이끌어갈지는 그들 고유의 몫이다. 그들의 시대는 우리와 다르고, 그들에게 이용 가능한 자원은 우리 시대에는 생각지도 못한 것일 수 있다. 어머니가 탯줄을 통해 자양분을 제공하면 태아는 그것을 양식 삼아 생명을 키운다. 우리는 태아의 자양분을 균형 있게 유지해 주고, 내 몸을 울타리 삼아 태아를 지켜가는 것이다.

다음세대, 그들 스스로 결정하고 자신들의 고백록을 쓰게 하자

기존세대는 다음세대의 의사 결정과 세계관 형성에 과도하게 개입해서는 안 된다. 우리도 젊은 시절 부모들과 어른들의 과도한 개입을 그렇게 반기지 않았다. 요즘은 초등학교 6학년만 되어도 부모가 참견하기 쉽지 않고, 중고등학교 학생들은 더욱 이른 시기에 자신들의 세계를 만들어간다. 십년이면 강산이 변하고, 시대와 사회가 빛의 속도로 변하고, 살아가는 삶의 근본적인 판도가 변한다. 엄밀히 말해 우리 시대 최선의 선택이 우리 아이들 시대에 최고의 선택인지는 더욱더 모호해진다.

그래서 자라나는 다음세대 청소년과 청년들이 누릴 독립적이고 당연한 권리를 부모세대가 빼앗는 것은 옳지 않다.

인물을 키우겠다는 사람은 더더욱 이러한 일을 해서는 안 된다. 다음세대가 성장해서 자신들의 판, 자신들의 세계를 결정할 권리를 우리가 빼앗지 말아야 한다. 그들은 젊고 우리보다 더 큰 세계를 열어갈 것이다. 우리가 교육한 신앙과 삶의 근본 규칙이라는 교집합에 근거해 다음세대는 자신들만의 합집합의 세계를 새롭게 형성해 갈 것이다.

때론 어른세대의 과도한 열정과 확신이 다음세대의 성장을 가로막을 수 있다. 우리 눈에 보인다고 해서 우리 시대에 모든 것을 행하거나 누리려는 것은 열정이 아니라 인간의 욕망이다. 열정과 욕망은 동전의 양면이다. 라틴어 데시데리움(desiderium)의 개념을 어떻게 사용하느냐에 따라 열망, 열정, 욕망, 탐욕으로 번역하기도 한다. 우리가 자연과 환경을 보호하는 이유는 다음세대가 먹고살 그들의 재산을 확보해주는 것과 같다. 때로 어느 순간 나의 간절한 욕망을 멈출 필요가 있다. 바로 그 순간에 세속적 욕망이 거룩한 열망으로 바뀔 것이다.

우리는 다음세대, 우리 자녀들이 자신만의 고백록을 써내려가기를 소망한다. 어른세대는 자신들의 삶이 다음세대의 본보기가 되기를 소망하지만, 다음세대는 자신들의 시각에서 어른세대를 분석하고 평가할 것이다. 매 세대는 자신들의 삶과 신앙의 고백록을 남긴다. 다음세대가 어른세대를 뛰어넘는 삶의 오디세이와 신앙 고백록을 남길 것이고, 그렇게 해야 한다. 우리가 미래의 가나안 땅에 들어가지 못하더라도 멀리서 보고 기대하는 자체로 가슴이 벌렁이지 않는가.

밝은 등대가 되고, 물꼬를 터주는 사람

그래도 한번 자식은 부모가 죽을 때까지 자식이다. 80살 어른이 중년이 훌쩍 넘은 아들이 아침에 출근할 때 말씀하신다.

"아들아, 차 조심하고 밥 잘 챙겨 먹어라."

내 어머니도 늘 그러셨다. 그것이 부모의 마음이고 사람을 키우는 선배의 마음이다. 그것이 부모의 사랑이자 하나님의 사랑이다. 그런 마음을 가진 우리가 다음세대 양육과 관련해서 무엇을 할 수 있을까.

첫째, 부모나 어른은 다음세대의 등불이다. 자녀는 부모를 따라간다. 청소년기에 아무리 버릇없고 철없이 굴더라도 나이가 들면 자신들의 삶에 오롯이 새겨진 부모의 경험적 DNA가 고스란히 드러난다. 그래서 부모가 잘살아야 한다. 선배세대가 바르게 살아야 한다. 기성세대가 온갖 유혹을 이기고 잘 살아야 하는 이유다.

둘째, 어른은 다음세대가 보다 쉽게 흘러갈 수 있도록 막힌 곳을 뚫어주고 물꼬를 터주는 사람이다. 밭에 돌이나 자갈이 많으면 농사가 되지 않는다. 그래서 부모는 긴 시간 돌을 골라내고 수로에 있는 바위를 치운다. 농장의 작물이 잘 자라도록 풀을 뽑아주는 것이 부모의 역할이다. 아직 어린 청소년들이 해결하기에 벅찬 삶의 방해물인 허들을 치워주는 것이 부모의 역할이다.

셋째, 어른은 진심으로 믿어주고 응원해주는 사람이다. 어른은 갓 태어난 병아리를 보호하는 어미 닭처럼, 아직은 어리기만 해 보이는 다음세대가 감당하기 어려운 시련을 능히 이겨내도록 옆에서 뒤에서 가슴 졸이며 인내하는 존재다. 그러면서 두각을 나타내는 예비 선구자를 보면서 즐거워하고 기뻐하는 자들이다. 다음세대에 대한 기대를 갖고 이 땅의 생을 마감하는 죽음이 진정 복된 죽음이 아닐까.

200억 원, 다음세대 토대 작업을 위한 펀드를 꿈꾸며

지난봄에 서울에서 목회하는 신대원 시절 친구 목사가 농장을 방문해 며칠을 머물다 갔다. 여러 이야기를 나누던 중에 그가 내게 불쑥 물었다.

"김 박사님, 누군가 200억을 후원한다면, 김 박사님이 꿈꾸고 바란 일을 한번 해 보시겠습니까?"

나는 잠시도 주저하지 않고 답했다.

“저는 이제 지나간 뒷밭 사람입니다. 아마 부탁을 해도 하지 않을 것입니다. 더군다나 그런 일은 30대 혹은 40대 초반의 누군가 해야 할 것입니다.”

다시금 내가 분당중앙교회 인재양성원을 부탁받았을 때 들었던 말이 떠올랐다.

“200억 원을 들여 교회 예배당을 짓는 것이 나을까, 사람을 키우는 것이 나을까?”

되돌아보니, 박사학위를 받고 동분서주했던 내 노력은 어떤 의미에서 절반 정도 성공했고 절반 정도 실패했다. 한국 기독교의 집현전과 대동여지도를 그리겠다는 꿈을 갖고 나름 호랑이 같은 큰 그림은 그렸지만, 지금 보니 우리 집 작은 댕댕이 녀석만큼 작고 내용도 그지없이 엉성해 보인다. 늘 재정에 허덕였고 넉넉지 못한 후원에 애가 탔다. 내 남은 임무는 지금까지 해온 소품들을 조금 다듬고 개정하는 정도일 것이다. 나는 한참 뒷밭으로 즐겨 가고 있기 때문이다.

부흥과 성장 시대에 한국 교회가 마냥 부정적인 결과만을 만들어낸 것은 아니다. 수백 개 중대형교회의 숨 막히는 세습 카르텔이 한국 교회의 미래를 더 암담하게 만든 것도 사실이고, 뉴라이트로 지칭되는 극단적 보수기독교인들이 상식을 저버리는 신앙행태를 보이고 있지만, 가슴 졸이며 선하고 바르게 살아온 그리스도인이 얼마나 많은가. 시대의 불의와 교회의 자본주의적 타락에 무릎 꿇지 않은 '7천 명 성도들'의 강력한 기도 소리는 아직도 남아 있다고 믿는다. 잘 교육받은 성도들이 이제는 각종 위원회를 통해 교회 생활을 더 견실하게 만들고 있는 것도 희망이다. 느리지만 열정적인 그런 사람들의 힘을 믿는다. 아니 그 위에 함께 하실 하나님을 나는 여전히 믿는다.

이제 한국 사회가 경제적으로 팽창해서 좋은 일에 몇백억씩 헌금할 여력이 있는 성도들이 등장한 것도 감사한 일이다. 나는 다음세대가 보편적으로 공유할 영적이고 학문적인 토대를 만드는 일에 누군가 200억쯤 공적인 헌신을 할 사람이 나오리라 믿는다. 한국 기독교의 김우중 같은 사람이 나오기를 기도하고 기대한다. 교회는 예배와 교육과 전도와 선교와 봉사 같은 교회만의 고유한 역할이 있다. 그런 일에 성도들이 우선적으로 헌신하는 것은 당연하고 감사하다. 하지만 이런 신실한 헌신자 10명 중 한 명, 아니면 100명 중 한 명, 1,000명 중 한 명, 그것도 아니라면 10,000명 중 한 명이라도 거시적 관점에서 후원하고 헌신할 사람이 나올 것이라 믿는다. 소돔과 고모라를 구하기 위해 10명이라는 상징적 숫자로 하나님께 애원하며 구하던 아브라함, 우리는 단 1명이라는 상징적 힘을 믿는다.

1987년에 세워진 미국의 존 템플턴재단(John Templeton Foudation)이나 2004년 워싱턴D.C.에 세워진 퓨 재단(PEW, The Pew Research Funds) 같은 튼튼한 재단이 한국에 하나 세워지는 것도 좋지 않을까? "Inspiring Awe & Wonder." 신앙과 영적인 지식에 근거해 "놀라움과 경이로움을 고취시키는 것," 그것이 템플턴 재단의 목표다. 사람들이 의미 있고 목적 있는 삶을 살도록 학제 간 연구를 지원하고 서로 간의 대화를 촉진하려 애쓰고 있다. 퓨 재단은 가족과 사회, 경제와 사회와 정치적인 주제를 포함한 미국과 세계의 다양한 연구와 활동에 2021년 기준 연간 500억 이상을 지출하고 있다.

이제 우리나라에도 교단과 지역색과 당파성의 한계를 넘어 한국 기독교 전체의 독립적 씽크탱크가 될 만한 기관이 하나 생겨야 하지 않을까. 전면에 하나님이나 교회라는 단어를 내세우지 않더라도 기독교적인 관점과 신념에 기초해 사회 전반을 아우를 싱크탱크가 이제 나오기를 기대한다. 하나님이 이 세상 전부를 창조하셨기에, 우리는 우리와 신념이 비슷한 일부만이 아닌 세계 전체를 책임지는 자세로 살아야 한다. 일반 사회 기관보다 더 객관적이고 양심적인 연구재단이 하나 정도 솟아오를 때가 되었다.

200억이란 그런 일을 위한 충분조건이 아니라 그런 소중한 일을 시작할 물꼬를 틀 수 있는 상징적인 액수다. 충분한 기금은 아니지만, 한국 교회 전체의 방향성을 제시하고, 신학과 신앙의 토대작업을 진행하고, 다음세대를 위해 필수적이고 구체적인 작업을 시작하기에 충분한 돈이다. 200억에서 나오는 이자를 사용하는 것이 아니라 원금 자체를 일정 기간에 소진하는 구조로 방향을 잡는다면 정말 많은 일을 할 수 있다. 내 능력의 부족과 신앙과 인격의 한계로 내가 생각한 일은 완성하지 못했지만, 나는 여전히 그런 규모의 재정을 투입해 한국 기독교의 토대를 바꾸고 정립하는 일은 다음세대의 인재 양성과 함께 매우 필수적이고 본질적인 한국 교회의 일이라 생각한다.

생즉사와 사즉생의 자세로

언젠가 한 번은 10월에 캐나다 밴쿠버 한인장로교회의 박철순 목사의 초대로 사경회를 인도한 적이 있다. 사경회 기간 우리는 노스밴쿠버에 있는 연어 부화장인 The Capliano Salmon Hatchery에 들렀다. 아름다운 카피라노(Capilano)공원을 산책하면서 연어 부화장에 도착했다. 부화장 한쪽에는 이곳에서 부화하여 태평양을 따라 멀리 알래스카까지 돌고 온 어미 연어들이 되돌아오는 마지막 과정을 관람할 수 있는 시설이 있었다. 배속에 알을 가득 담은 연어들이 밴쿠버 인근으로 들어오면 먹지도 않고 마지막 종착지인 부화장으로 찾아온다고 했다. 이것이 우리가 흔히 말하는 연어의 귀

환 본능이다.

부화장에는 어미 연어들이 부화장 안으로 올라가는 좁은 물길에 서너 개의 계단형 물길을 만들어 두었다. 계단마다 30여 센티미터는 족히 되어 보이는데, 위에서 빠르게 내려오는 물살을 거슬러 어미 연어들이 힘겹게 한 계단 한 계단을 뛰어 올라가고 있었다. 그런데 연어를 가까이서 보려고 다가간 나는 놀라고 말았다. 어미 연어들의 몸이 모두 만신창이가 되어 있는 것이 아닌가. 온몸에 상처가 나기도 했고 지느러미가 상하기도 했다. 이미 숨을 쉬지 못하고 흐느적거리는 연어도 있었다. 그런데 어미 연어들은 그런 몸으로 거칠게 내려오는 물길을 거슬러 마지막 힘을 모아 올라가고 있는 것이 아닌가. 사실 그렇게 올라간다고 새롭거나 아름다운 세계가 있는 것이 아니었다. 그들이 마지막으로 올라가는 곳에서 다음세대의 주역이 될 알이 태어나고, 자신은 죽게 되는 것이다.

'아, 이것이 생즉사(生卽死)요 사즉생(死卽生)의 원리로구나."

살고자 하는 자는 죽을 것이요, 죽고자 하는 자는 살 것이니라. 이것이 '순교하는 연어'의 자세였다. 다음세대를 진정으로 키우기 원한다면, 내 생명이라도 기꺼이 내놓을 각오로 살아야 한다. 마치 우리를 위해 목숨을 내놓으신 예수같이, 우리가 작은 예수들이 되어야 하는 것이리라.

감사의 글

이 책이 나오기까지 많은 분의 도움을 받았습니다. 추천서를 써주신 최종천 목사님과 정운찬 이사장님은 저를 오랫동안 깊이 알고 사랑해 주신 분들입니다. 따뜻한 글로 격려해 주셔서 고맙습니다. 10년 넘게 키아츠에서 함께 해온 류명균 팀장의 수고와 이 책을 예쁘게 디자인해 준 조유영 선생에게 감사를 드립니다. 무엇보다 제 삶을 가장 잘 꿰뚫고 있으면서 이 책을 객관적인 시각으로 편집해 준 아내 손영란에게 감사합니다. 좋은 아빠가 되려는 노력에 함께 하는 세 아이, 명준, 승준, 준이에게 고마움을 표합니다. 이 책에 등장하거나 아직 언급되지 않은 국내외 수많은 분에게 마음속 깊은 감사를 표합니다.

2024년 9월 김재현